Salafısmus

Extremismus und Fanatismus verstehen und handeln

Dr. Cemil Şahinöz

2. Auflage

© 2021, Cemil Sahinöz
Herstellung und Verlag:
BoD – Books on Demand, Norderstedt
ISBN 9783739232942

©www.misawa.de
Alle Rechte liegen beim Autor.
Cover: Erman Doğan
1. Auflage: März 2016
2. Auflage: Oktober 2021

„Wer zu Fanatismus

aufruft
und für ihn kämpft
und stirbt,

der ist nicht von uns.“

„Wer in seinem Herz in der Größe eines
Senfkorns Fanatismus hegt, den wird Gott am
Jüngsten Tag zusammen mit den
Wüstenbewohnern der (vorislamischen) Zeit der
Ignoranz auferstehen lassen.“

Der Prophet Muhammed
(Frieden und Segen seien auf ihm.)

Inhalt

Vorwort

Bei jedem Terroranschlag vermeintlich im Namen des Islams sind Muslime doppelt betroffen. Einmal, da sie wie jeder andere Mensch auch fassungslos sind. Und zweitens, weil damit ihre Religion beschmutzt wird.

Daher ist es von großer Bedeutung, dass besonders Muslime einen Beitrag zur Bekämpfung von Extremismus leisten. Muslime haben ein noch größeres Interesse daran, aufzuklären. Denn es sind letztendlich solche Anschläge, die dazu führen, dass die Unkenntnis und die Angst vor dem Islam steigen.

Sowohl der Koran als auch der Prophet Muhammed verbreiten Nächstenliebe und Barmherzigkeit auf allen Ebenen. Um diese Botschaft wahrheitsgetreu zu vermitteln und Extremismus zu bekämpfen stehen Muslime genauso in der Pflicht.

So ist diese Arbeit ein bescheidener Beitrag zur Extremismusbekämpfung.

Dr. Cemil Şahinöz

1.0 Einführung

Mit Fassungslosigkeit, Betroffenheit und Entsetzen reagiert die Weltgemeinschaft auf Terroranschläge. Egal ob in Paris, Ankara, Afghanistan, Irak oder Syrien... immer sind es unschuldige Menschen, die Barbaren zum Opfer fallen.

Solche tragischen globalen Ereignisse dürfen aber nicht dazu führen, dass stigmatisiert wird. Ausschreitungen sollten nicht nach Deutschland übertragen werden und dadurch hier ein Stellvertreterbürgerkrieg entstehen. Daher ist das Aufrufen zur Besonnenheit und verantwortungsvollem Handeln ganz wichtig. Die Themen Integration, Migration, Flüchtlinge oder gar den gesamten Islam auf der Grundlage solcher Ereignisse zu diskutieren, ist nicht nur kontraproduktiv, sondern führt zu weiteren Radikalisierungen, da radikale Gruppen sich genau die Jugendlichen ausgucken, die sich ohnehin schon ausgegrenzt fühlen. Eine derartige Debatte spielt also in die Hände sowohl der Rechtsradikalen als auch der Extremisten aus dem religiösen Milieu.

Auch helfen voreilige Schlüsse nichts. Repressionen sind zwar wichtig, reichen aber oft nicht aus. Präventionsarbeit ist da viel wichtiger und effektiver. Radikalisierungstendenzen müssen also früh erkannt werden. Umso wichtiger ist es, Familien, Lehrer, Berater zu sensibilisieren und Handlungskompetenzen zu vermitteln. Hier bieten Sozialarbeiter mancherorts schon Beratung für Angehörige und Mitarbeiter von verschiedenen Einrichtungen an.

Trotzdessen geht das Thema alle etwas an. Religiöser Extremismus ist und bleibt eine Querschnittsaufgabe. Sie ist eine gesamtgesellschaftliche Aufgabe. Jeder kann und muss seinen Beitrag dazu leisten.

Um aber etwas leisten zu können, muss das Phänomen näher betrachtet werden. Es reicht nicht aus, die Schlagwörter der Radikalen zu kennen, um dagegen argumentieren zu können. Das Problem muss an der Wurzel erfasst werden. Extremismus muss also erst verstanden werden, um dagegen effektiv handeln zu können.

Fakt ist: Salafismus (Salafiyya), noch genauer, Wahhabismus (Wahhabiya), ist keine Ausprägung des traditionellen Islam. Den traditionellen oder sogenannten "konservativen" Islam für die Entstehung des Salafismus verantwortlich zu machen, ist ein Zeichen der Unkenntnis[1]. Wie schon mehrfach in Diskussionen deutlich wurde, ist der Islam ein Teil der Lösung und nicht ein Teil des Problems. Daher empfiehlt sich Kooperation statt Verdacht.

Der heutige Salafismus hat zwar seinen Ideen-Ursprung bei den Charidschiten aus dem 7. Jhr und bei Ibn Taymiyya im 13. Jhr., ist aber ganz klar eine ursprüngliche innerislamische Reformbewegung von

---

[1] Nur weil sich Rechtsextremisten auf die Nation berufen hat Rechtsextremismus ja auch noch lange nichts mit der Nation zu tun.

Muhammad Ibn Abd al-Wahhab aus dem 18. Jhr. M. Ibn Abd al-Wahhab entwarf eine eigene strikte und puristische Lehre des Islams. Laut ihm hätten sich die Muslime von den ursprünglichen Glaubensinhalten ihrer Religion so weit entfernt, dass sie kaum noch als Muslime zu bezeichnen wären. Daher forderte er eine umfassende Reform des religiösen Lebens und eine Rückkehr zum "ursprünglichen Islam".

Diese Forderung endete jedoch fatal. Nicht dass man sich tatsächlich an den ersten drei Generationen des Islams orientierte, sondern ein buchstäbliches Verständnis des Korans entwickelte. Koranverse und Aussprüche des Propheten Muhammed wurden willkürlich ohne Kontext interpretiert und für die eigene Ideologie, Politik und Macht instrumentalisiert. Theologische Entwicklungen der letzten 14 Jahrhunderte wurden komplett ausgeblendet, ja sogar verteufelt. Es entstand ein dualistisches Weltbild, das aus Gläubigen und Ungläubigen besteht. Dadurch entstand auch ein Exklusivanspruch und alle anderen, auch Muslime, wurden nicht als Muslime betrachtet. Sie nannten sich fortan "muwahhidun" („diejenigen, die Gott zu "einem" machen") und grenzten sich somit von anderen Muslimen ab, denen sie vorwarfen, nicht mehr an den "Einen Gott" zu glauben.

Die muslimische Community kann diesem nur entgegentreten, wenn sie mehr als Einheit agiert. Es kann nicht sein, dass Radikale, die einen religiösen Extremismus betreiben, und nur 0,01% der Muslime weltweit ausmachen, sich anmaßen, den Islam zu repräsentieren oder gar zu definieren. Es sind nicht die

Extremisten, die bestimmen, was der Islam ist oder was der Koran sagt. Sondern die restlichen 99,99% der Muslime, die genaue dieses Verständnis verurteilen und nicht im Einklang mit dem Islam sehen. Diese Deutungshoheit muss den Extremisten konsequent entzogen werden. Sie darf ihnen aber auch nicht zugespielt werden, wie es die Rechtspopulisten tun.

2.0 Der Islam – ein Teil Deutschlands?

Immer wieder gab es in der Vergangenheit Diskussionen, ob der Islam oder die Muslime zu Deutschland gehören. Wenn der Islam ein Teil Deutschlands ist, welcher Teil ist er dann? Ist der Islam die Religion der Gastarbeiter, Migranten, Ausländer und Flüchtlinge oder ist es die Religion der Mitbürger?

Bei näherer Betrachtung lässt sich schnell feststellen, dass diese Diskussionen eher polemisch waren als ehrlich gemeinte wissenschaftliche Auseinandersetzungen mit dem Thema. In diesem Kapitel soll daher zunächst einmal sachlich diese Frage geklärt werden.

2.1 Zahlen und Daten

Da der Islam keine Institutionen kennt (Moschee ist keine Kirche und der Imam ist kein Pfarrer oder Pastor), gibt es auch keine tatsächlichen Zahlen über die Muslime in Deutschland, Europa und weltweit. Dass man Muslim ist, wird nirgends erfasst. Auch an den Mitgliedszahlen der Moscheegemeinden lässt sich dies nicht erkennen. Mitglied in einer Moschee steht Synonym für "Spendenzahler". Nicht jeder, der in eine Moschee geht, muss auch dort Mitglied sein. Andersherum muss nicht jedes Mitglied einer Moschee, auch wirklich vor Ort sein. Es gibt die Möglichkeit, dass man eben auf Grund von Spendenzahlungen Mitglied in weitentfernten Moscheen ist, in Moscheen, in der der "Mitglied" selbst noch nie war. Hinzu kommt, dass man Mitglied mehrerer

Moscheen sein kann und meistens immer nur eine Person aus einer Kernfamilie Mitglied ist. Alleine diese ganzen Faktoren lassen es nicht zu, die Zahl der Muslime zu ermitteln.

Nichtsdestotrotz gibt es natürlich Schätzwerte. Es wird geschätzt, dass es weltweit 2 Milliarden Muslime gibt. In Europa leben ca. 40 Millionen Muslime. Dies sind ca. 7% der Gesamtbevölkerung. Ca. 3000 Moscheen gibt es in Europa, davon 2000 in Deutschland.

Die Zahl der Muslime in den europäischen Staaten sind folgendermaßen verteilt: Deutschland 4,8 Mil., Frankreich 4,7 Mil., Großbritannien 2,9 Mil., Italien 2,2 Mil., Bulgarien 1,1 Mil., Niederlande 1 Mil., Spanien 980.000, Belgien 630.000, Griechenland 610.000, Österreich 450.000, Schweden 430.000, Dänemark 230.000, Rumänien 70.000, Slowakei 70.000, Kroatien 60.000, Irland 50.000, Finnland 40.000, Portugal 30.000, Luxemburg 10.000 (Zeit, 2015).

An der Gesamtbevölkerung der Staaten gemessen, ergeben sich folgende Anteile: 7,5% Frankreich, 6% Belgien, 5,7% Österreich, 5,5% Niederlande, 5% Deutschland, 4,9% Schweden, 4,9% Schweiz, 4,7% Griechenland, 4,6% Großbritannien (Zeit, 2015).

In Deutschland leben ca. 5 Millionen Muslime, welche 5% der Gesamtbevölkerung ausmachen. Ca. 63% dieser Muslime sind türkischer Herkunft. 57% haben einen deutschen Pass.

Muslime in Deutschland mit ausländischen Pässen verteilen sich folgendermaßen: 1,5 Mil. Türkei, 355.000 Südosteuropa, 110.000 Naher Osten, 92.000 Nordafrika, 73.000 Süd-/Südostasien, 33.000 Iran, 32.000 Sonstiges Afrika, 13.000 Zentralasien / GUS (Zeit, 2015).

Diejenigen Muslime, die einen deutschen Pass haben, haben folgende Herkunft: 35% Türkei, 26,3% Südosteuropa, 67,4% Nordafrika, 67% Naher Osten, 69,2% Süd-/Südostasien, 54,9% Iran, 36,7% Sonstiges Afrika, 4,8% Zentralasien / GUS (Zeit, 2015).

Die anteilmäßige Verteilung der Muslime in den Bundesländern ergibt folgendes Ergebnis: 9,8% Bremen, 8,2% Berlin, 8% Hamburg, 7,5% Nordrhein-Westfalen, 6,9% Hessen, 6,3% Baden-Württemberg, 4,3% Bayern, 4% Rheinland-Pfalz, 3,2% Niedersachsen, 3,1% Saarland, 3% Schleswig-Holstein, 0,7% Sachsen, 0,7% Sachsen-Anhalt, 0,4% Thüringen, 0,2% Mecklenburg-Vorpommern, 0,2% Brandenburg (Zeit, 2015).

Unter den Muslimen gibt es unterschiedliche religiöse Orientierungen. In Deutschland ist die Verteilung schätzungsweise folgendermaßen: 85% sunnitisch, 5% alevitisch, 2% schiitisch, 5% andere, 3% ohne Zuordnung.

Zahlenmäßig sind der Islam und die Muslime also schon längst ein Teil Deutschlands.

2.2 Geschichte des Islam in Deutschland

Zur Klärung der Eingangsfragen dieses Kapitels ist es unerlässlich, sich die Geschichte des Islams in Deutschland anzuschauen. Diese beginnt, wie öfters gedacht, nicht mit den sogenannten "Gastarbeitern", sondern schon viel eher.

Hierbei muss man drei große Phasen unterschieden:
- Die erste Phase beginnt direkt nach dem Tode des Propheten Muhammed und ist gekennzeichnet mit der Ausbreitung des Islams im 7. Jhr.
- Die zweite Phase beginnt ab dem 16. Jhr. mit den Türkenkriegen.
- Die dritte Phase beginnt nach dem 2. Weltkrieg mit der Zuwanderung.

1. Phase

Der Prophet Muhammed verstarb 632. Schon zu seinen Lebzeiten, aber vor allem gleich nach seinem Tode, breitete sich der Islam großflächig aus. Der Kontakt mit Europa, und indirekt mit den deutschen Gebieten, war dadurch fast 800 Jahre gegeben. Denn Andalusien, heute ein wichtiger Teil Spaniens, war von 711 bis 1492 in muslimischer Herrschaft. Dies war auch eine der wichtigsten Blütezeiten der Muslime in Hinblick auf Wissenschaft, Technik und Kunst. Aber nicht nur für Muslime, sondern auch für ganz Europa. Viele modernen Wissenschaften, Entwicklungen und Entdeckungen sind auf diese Zeit zurückzuführen. Nach Andalusien brach die Verbindung zu Muslimen nicht ab. Jedoch war sie nicht mehr in diesem Kontext gegeben.

2. Phase

Die 2. Phase begann auch schon direkt nach der ersten Phase. Nach der ersten Belagerung Wiens im Jahre 1529 gab es einige muslimische Kriegsgefangene, die nach Berlin gebracht wurden. Ca. 150 Jahre später im Jahre 1683, nach der zweiten Belagerung Wiens, gab es erneut muslimische Kriegsgefangene, ca. 1245 Personen, die diesmal nach München gebracht wurden (Aries, 2011, S. 5).

Nach dem Friedensvertrag mit dem Sultan (Friede von Karlowitz, 26.01.1699) blieben einige Kriegsgefangene weiterhin auf deutschem Gebiet und wurden auch hier begraben. Noch heute kann man sie auf Friedhöfen finden. Einige die blieben, integrierten sich, einige wiederum assimilierten sich (Aries, 2011, S.6). Der 1685 bei einer Schlacht gefangengenommene Osmane Mehmet wurde zu Ludwig Maximilian Mehmet von Königstreu, einer seiner beiden Söhne gehörte 1746 zu den Begründern der ersten Freimaurerloge in Hannover. Auch in Hannover wurde der Türke Ali im frühen 18. Jhr. unter dem Namen Georg Wilhelm zum Infanterieoffizier und Oberst.

Der Herzog von Kurland schenkte im Jahre 1731 seinem König Friedrich Wilhelm I. 22 "türkische" Gardesoldaten. Daraufhin wurde 1732 am Langen Stall in Potsdam ein Saal als Moschee, bzw. Gebetsraum, eingerichtet.

Die erste geschlossene muslimische Gruppe kam 1739 nach Potsdam. Diese waren besonders hoch gewachsene Tataren, die als Soldaten in die Truppe der "Langen Kerls" integriert wurden. Der preußische König Friedrich Wilhelm I. gab ihnen einen eigenen Gebetsraum und einen Imam aus ihren eigenen Reihen (Aries, 2011, S.6).

Sein Sohn Friedrich der Große schrieb 1740: „Alle Religionen sind gleich und gut, wenn nur die Leute, die sie ausüben, ehrliche Leute sind; und wenn Türken und Heiden kämen und wollten das Land bevölkern, so wollen wir ihnen Moscheen und Kirchen bauen."[2] Unter ihm nahmen ca. 1500 muslimische Reiter (bosniakische Reiter) an den Schlesischen Kriegen (1740-1763) teil. Diese Reiter wurden nach dem Friedensschluss nicht entlassen, sondern bekamen eigene Garnisonen in Ostpreußen zugewiesen. Erst Anfang des 19. Jhr. wurden die Regimenter mangels Personal in Ulanen-Regimenter umgewandelt und erst nach 1919 aufgelöst (Aries, 2011, S.6). Sie waren also fast 180 Jahre im Dienste.

Das preußische Berlin unterhielt gute Verbindungen zur "Hohen Pforte" (Bab-ı Ali), zum Osmanischen Reich. So

---

[2] Sultan Murat der III in 16. Jahrhundert zu Queen Elisabeth I: „Ja klar, natürlich, ich weiß zwar nicht, wer du bist, aber wenn du mit uns Handel treiben möchtest, dann ist das gut. Denn wir sind ein multikulturelles und multireligiöses Reich. Wir sind stark – nicht, dass wir ein rein politisches oder religiöses Reich wären wie Spanien. Wir nehmen jeden herzlich auf, Juden, Katholiken, Protestanten. Jeder, der mit uns Handel treiben möchte, kann das tun."

wurden in dieser Zeit einige Abkommen abgeschlossen (Aries, 2011, S.6ff), wie z.B. 1761 das erste deutsch-türkische Handelsabkommen ("Freundschafts- und Handelsvertrag").

Ab 1763 gab es ständig Osmanische Gesandte in Preußen. Für diese Diplomaten gab es durch kaiserliche Anordnung 1763 eine Bestattungserlaubnis. 1798 wurde z.B. Ali Aziz Efendi begraben und Friedrich der Große schenkte das Friedhofsgelände.

In diesen Jahren wurde auch die erste bekannte "offizielle" Moschee auf deutschem Boden gebaut. 1778 entstand im Schwetzinger Schlosspark die "Rote Moschee". Alle bisherigen "Moscheen" waren eher Räumlichkeiten, die in reine Gebetsräume umfunktioniert wurde. Eine Moschee ist jedoch vielmehr als nur ein Gebetsraum und umfasst die religiösen, kulturellen und sozialen Aspekte des Alltags.

100 Jahre später, während einer Reise durch das Osmanische Reich, schrieb Kaiser Wilhelm II. am 8.11.1898 in Damaskus eine Postkarte an den Sultan des Osmanischen Reiches Abdülhamid II: „Möge Seine Majestät der Sultan und mögen die 300 Millionen Mohammedaner, welche auf der Erde zerstreut lebend, in ihm ihren Kalifen verehren, dessen versichert sein, dass zu allen Zeiten der deutsche Kaiser ihr Freund sein wird".

Kaiser Wilhelm II. besuchte 1898 auch Istanbul. Zum Andenken an diesen Beuch wurde gegenüber dem Mausoleum Sultan Ahmeds I. eine "Deutscher Brunnen" gebaut. Der Brunnen wurde in Deutschland hergestellt und 1900 in Istanbul errichtet. Am 27. Januar 1901 gab es die Eröffnungszeremonie.

Zudem gab es im 19. Jhr. einzelne Persönlichkeiten, die während ihrer Reisen in den Orient zu Muslimen wurden. Der Islam wurde dadurch erstmals anders wahrgenommen. Es war dann nicht mehr die Religion des "Anderen".

Im 19. Jhr. gab es die Modernisierung des türkischen Heeres. Aus diesem Anlass wurden mehrere Verträge unterschrieben, in deren Folge 50.000 deutsche Offiziere und Soldaten im Osmanischen Reich Dienst taten.

1901 wurde die bekannte deutsche Koranübersetzung von Max Henning publiziert, wodurch ein erster Zugang zum Koran für die breite Öffentlichkeit möglich war.

Als 1912 das Islamgesetz in Österreich verabschiedet wurde, lebten ca. 1400 Türken in Berlin.

Während des Ersten Weltkrieges richtcte der deutsche Generalstab bei Wünsdorf bei Zossen in der Nähe Berlins ein Sonderlager (das Halbmondlager) für die 30.000 muslimischen Kriegsgefangenen ein, von denen manche nach 1919 nicht in ihre Heimatländer zurückkehren konnten oder wollten (Aries, 2011, S. 7). 1915 wurde in dem Lager eine Moschee eingerichtet. Dieser wurde 1924 wegen Baufälligkeit geschlossen und 1930 wegen finanziellen Schwierigkeiten abgerissen.

In den zwanziger Jahren des 20. Jhr. entfaltete sich in Berlin ein lebhaftes und vielfältiges islamisches Leben. November 1922 wurde die Islamische Gemeinde zu Berlin e.V. als erste religiöse Vereinigung der Muslime mit Vertretern aus 41 Nationen gegründet. Sie hatte 1925 eine eigene Moschee im Berliner Stadtteil Wilmersdorf, welches 1945 aufgelöst wurde (Aries, 2011, S. 7ff).

1924 lebten ca. 3000 Muslime in Deutschland. 1924 wurde der erste religiös-türkische Verband "Deutsch-Türkische Vereinigung" gegründet. Sie förderte gezielt Studenten und Lehrlinge, indem sie deren Aufenthalt in Deutschland und ihre Ausbildungskosten trug (Aries, 2011, S. 7). In dieser Zeit kamen 13.800 Türken in die deutschen Gebiete, um hier zu studieren oder ihre Ausbildung als Ingenieure und Offiziere zu ergänzen. 215 deutsche Schüler gingen ins Osmanische Reich. Die Vereinigung wurde später wegen finanziellen Schwierigkeiten aufgelöst.

1927 wurde das Islam Archiv in Berlin gegründet. Seit 1981 steht diese in Soest. Der Islamische Weltkongress richtete 1932 eine Geschäftsstelle in Deutschland ein.

Die Berliner Gemeinde brachte die Zeitschrift "Moslemische Revue" und eine Koranübersetzung (von Maulana Sadr-ud-Din) heraus (1939). Bis in die 70'er Jahre wurde die Zeitschrift von der Ahmadiyya-Gemeinde herausgegeben, danach übernahm sie das Islam Archiv.

In den Jahren zwischen den beiden Weltkriegen bauten iranische Schiiten in Hamburg nicht nur einen erfolgreichen Teppichhandel auf, sondern zugleich eine lebendige Gemeinschaft (Aries, 2011, S. 8).

In diesen Jahren wird auch der orientalische Baustil Mode. Als es dann parallel dazu z.B. in Dresden verboten wird, Gebäude zu bauen, die wie stumpfe Fabriken aussehen, entstehen Fabriken, die wie Moscheen aussehen, wie z.B. eine Tabakfabrik in Dresden.

Die nationalsozialistische Regierung beobachtete die Berliner Gemeinschaft mit Misstrauen. U.a. wurden muslimische Roma in die Konzentrationslager geschickt. Während des NS-Regimes wurde der Islam aber zu einem wichtigen Instrument. Sowohl der NS-Staat als auch andere Staaten versuchten die Muslime für sich zu gewinnen. Und obwohl vor dem Krieg sich Hitler noch deutlich abwertend über Muslime und den Islam äußerte, änderte sich dies mit Kriegsbeginn. Als ab 1941 Hitlers Armee in muslimisch-bevölkerte Gebiete einmarschierte, gab es auch auf Seiten des NS-Regimes Bestrebungen, Muslime für die NS zu gewinnen, um damit geopolitische und militärische Ziele zu erreichen. Daher wollte man Deutschlands Muslime als Verbündete haben. Vor allem umwarben sie Bosnier, Albaner, Krimtataren und Muslime aus dem Kaukasus und aus Zentralasien. Im Gegensatz versprachen sie bestimmte Freiheiten, wie z.B. die islamische Schächtung. Doch die Rekrutierung von Muslimen gelang ihr nur minimal. Laut Motadel war das NS-Regime weniger erfolgreich. Auch wenn sich einige Muslime der NS anschließen, setzt sich der Großteil der Muslime gegen die NS-Politik und dessen Rassismus ein. Vor allem muslimische Gemeinden und Geistliche verdeutlichen immer wieder die Unvereinbarkeit des

Islams mit der NS-Politik. So landen auch einige Muslime in den Konzentrationslagern und viele Muslime helfen ihren jüdischen Nachbarn und Freunden, sich vor den Nazis zu verstecken. Wie Motadel feststellt, gab es auch auf Seiten der Alliierten Muslime, die dazu beitrugen „Europa zu befreien" (Motadel, 2017).

Mit dem Ende des zweiten Weltkrieges brach auch das islamische Leben in Berlin zusammen. 1951 wurde eine "Geistliche Verwaltung der Muslimflüchtlinge" (Hauptsächlich aus Sowjetunion und dem Balkan) gegründet. 1952 gründeten mehrere deutsche Muslime in Hamburg die "Deutsche Muslim Liga" (DML) (Aries, 2011, S. 8ff).

In all dieser Zeit gab es unterschiedliche Bezeichnungen für Muslime. Mal wurden sie Türken (auf Grund des Osmanischen Reiches) genannt, egal ob sie türkisch waren oder nicht, mal Muselmann (die Verdeutschung des türkischen Begriffes "müslüman"), und dann aber auch Mohammedaner, ein Begriff, denn die Muslime eher ablehnen, da es impliziert, dass der Prophet Muhammed anstelle von Gott oder gar als Gott angebetet wird.

3. Phase

Die 3. Phase beginnt mit dem Wiederaufbau Deutschlands. Da für diesen Aufbau die eigenen Ressourcen nicht ausreichten, um die Nachfrage auf dem Beschäftigtenmarkt zu decken, griff man auf ausländische Arbeiter, die sogenannten "Gastarbeiter", zurück.

In der Zeit zwischen 1955 und 1973 gab es daher Einwanderungen von ausländischen Arbeitnehmern. Diese kamen überwiegend aus der Türkei, aus Italien und aus dem ehemaligen Jugoslawien. Es waren zum größten Teil ungelernte oder angelernte junge Männer, denn der Professor aus Istanbul kam natürlich nicht nach Deutschland um als Gastarbeiter zu arbeiten. Es waren Menschen, die in ihrer Heimat, keine oder unbefriedigende Arbeit hatten.

In diesem Zuge wurde am 30.10.1961 ein Vertrag zwischen Deutschland und der Türkei unterzeichnet. Ca., 800000 Türken kamen damit als Arbeiter nach Deutschland. November 1973 wurde die Anwerbephase beendet. In Deutschland gab es eine Wirtschaftskrise. Gastarbeiter verließen das Land. Da, wo ein Bedarf herrschte, durften die Gastarbeiter bleiben. Um das "Bleiben" attraktiv zu machen, gab es ab 1973 Familienzusammenführungen. Ab sofort kamen auch die Familien, die in der Heimat zurückgeblieben waren. Erst 1980 gab es ein Rückkehrförderungsgesetz, womit die Rückkehr in die Heimat, die aber nicht mehr die eigene Heimat war, finanziell vom Staat gefördert wurde. Einige, die tatsächlich zurückkehrten, erlebten in ihrer vermeintlichen Heimat Integrationsprobleme und kehrten wieder nach Deutschland, was längst unbewusst zur Heimat geworden war, wieder zurück.

Festgehalten werden muss, dass mit den Gastarbeitern, die "Modernisierungsverlierer" kamen. Keiner von ihnen plante in Deutschland zu bleiben und sie wurden in Deutschland kaum bemerkt. Es waren aber Menschen mit

Hoffnungen, Wünschen, Sorgen und Träumen, die aber nicht wahrgenommen wurden. Weder sie selbst noch der Staat plante langfristig mit einem Aufenthalt in Deutschland. Daher gab es weder Bestrebungen auf Seiten der Gastarbeiter, die deutsche Sprache zu erlernen (man wollte ja Geld verdienen und schnell wieder zur Familie zurück), noch auf Seiten des Staates um eine Integrationspolitik anzustreben (da es als Verschwendung gesehen wurde, denn die Arbeiter wollten ja alle wieder bald zurück). Max Frisch sagte einmal präzise dazu „Wir riefen Arbeitskräfte (Maschinen), und es kamen Menschen."

Je länger die Gastarbeiter blieben, desto mehr Bedürfnisse entstanden. Sie wollten ihre Kultur und Muttersprache beibehalten, sie wollten Orte zum Beten, Islamischen Religionsunterricht und auch gewerkschaftliche Vertretungen der muslimischen Arbeiter. Der Versuch, die in jenen Jahren öfters wechselnden Regierungen in Ankara für die religiösen Nöte ihrer Auslandsbürger zu interessieren, stieß auf teilweise gänzlich undiplomatische Ablehnung. Darüber hinaus neigten die türkischen wie jugoslawischen Konsulate dazu, jegliche religiöse Entfaltung ihrer Landsleute zu verhindern (Aries, 2011, S. 13).

Schon in den 60'er Jahren entstanden die ersten Moscheen, besser gesagt Gebetsräume. Denn es waren Aufenthaltsräume in den Arbeiter-Wohnheimen, leerstehende Fabriken oder Zugwagons, die in Gebetsräume umgewandelt wurden.

Da der Islam (noch heute in fast allen Bundesländern mit Ausnahme von Hamburg (seit 2012) und Bremen (seit 2013)) keine staatlich anerkannte Religion ist und daher keine Körperschaft des öffentlichen Rechts ist, wurden die Moscheen als Vereine nach deutschem Vereinsrecht angemeldet. Da dies jedoch den Gastarbeitern völlig fremd war, wurden Satzungen quer durch Deutschland kopiert. Alle Moscheen hatten plötzlich die gleiche Satzung.

Auch die Moscheevereine selbst machten eine Entwicklung durch. In den 70´ern gab es Meinungsunterschiede in den Moscheen, welcher muslimischen Gruppe (Richtung) man angehören sollte. Die 80´er waren gekennzeichnet durch Konkurrenzsituationen unter den verschiedenen Gruppen. In den 90´ern wiederum entwickelte sich ein Diasporaislam, da nun die eigenen Kinder, die in Deutschland geboren wurden, hier zu Schulen gingen und hier sozialisiert wurden. Plötzlich gab es also neue Fragen zu bewältigen. Von nun an widmete man sich den Problemen der Muslime in Deutschland. Seit dem 21. Jhr. gibt es Kooperationen unter den Moscheeverbänden. Die Moscheegemeinden schließen sich in Verbände, Räte oder Bündnisse zusammen.

Die Themen der Gegenwart sind u.a. die Islamkonferenz, Anerkennung als Religionsgemeinschaft, weiterhin Islamischer Religionsunterricht, Islamophobie, Radikalismus, Extremismus, Wohlfahrtsverband und Seelsorge.

Auch wenn es für den Begriff der Religiosität keine einheitliche Definition gibt und auch unterschiedliche Erhebungsmethoden und Kriterien zu Grunde liegen, ist die Selbsteinschätzung der Religiosität der Muslime in Deutschland wichtig. Demnach bezeichnen sich mehr als 60% der muslimischen Jugendlichen als religiös (Şen, 2007) und 85% der Muslime in Deutschland geben an, dass Religion in ihrem Alltag eine große Rolle spielt (Bertelsmann Stiftung, 2008).

In der gesamten Entwicklung ist zu erkennen, dass sich eine deutsche Kultur des Islams entwickelt. Es entsteht eine deutsche, muslimische Identität. Denn letztendlich sind es Muslime, die in Deutschland leben und sich mit deutschen Fragen und Problemen beschäftigen. So entsteht ein Islam, der zwar theologisch sich nicht verändert, aber die Art und Weise des kulturellen, nämlich ein Islam, der auf deutsche Fragen deutsche Antworten gibt und der sich mit den Problemen, Wünschen, Hoffnungen, Ängsten und Träumen der Muslime in Deutschland beschäftigt (Şahinöz, 2011, 2013).

2.3 Die muslimischen Organisationen in Deutschland

Der Fremde unterscheidet sich vom Besucher oder Wanderer, da er nicht „heute kommt und morgen geht, sondern [...] heute kommt und morgen bleibt" (Simmel, 1908, S. 509; vgl. Schütz, 1972). Als Ende der 50er Jahre die ersten türkischen Gastarbeiter nach Deutschland kamen, hatten sie den Gedanken, sich finanziell zu stärken und wieder in die Türkei zurückzukehren. Als das Letztere nicht verwirklicht wurde und das Erstere immer verlockender wurde, sollten aus den Gästen irgendwann Einheimische werden.

Als eine Rückkehr nicht mehr in Frage kam, wurden die ersten Vereine gegründet, um die Heimat in der Fremde zu leben. Diese Vereine dienten zur Identitäts- und Orientierungsstiftung in der Fremde. Sie waren Orte der Begegnung und der Lehre und waren wie eine „zweite Heimat, Orte der festen sozialen Beziehungen, des Rückhalts, der seelischen Stabilisierungen und glcichzeitig der sozialen Kontrolle" (Schiffauer, 2004, S. 69). In Wohnheimen, Fabriken oder unbenutzten Zugwagons wurden die ersten Gebetsräume eingerichtet. Diese ersten "Moscheen" waren die sogenannten "Hinterhofmoscheen", abgetrennt vom öffentlichen Leben. Sie waren eher Bunker oder leerstehende Wohnungen, als Moscheen. Sie waren also wie Inseln, die ein Stück Heimat boten (vgl. Utermann, 1995, S. 10). So konnte die Fremdheit und die Einsamkeit durch das Zusammenkommen der Muslime und durch das Bewusstmachen der Gegenwart Gottes vergessen werden. Es dauerte aber lange, bis der unsichtbare Islam der Väter durch den sichtbaren Islam der Söhne ersetzt wurde.

Die Süleymancıs waren die ersten, die zahlreiche Einzelmoscheen zu einem Verband zusammenführten. 1973 gründeten sie den heutigen VIKZ. Dem folgte 1976 die Milli Görüş. Der religiöse Arm der türkischen Diyanet zog mit DİTİB erst 1984 nach. Immer größere Moscheen wurden gebaut und die Aktivitäten ausgebreitet. „Sie (die Moscheen; Anmerkung des Autors) waren Lebensräume, in denen man soziale Beziehungen pflegte" (Schiffauer, 2004, S. 82; vgl. Schiffauer, 1998, S. 423; 2003, S. 147). Sie sind mehr als „Orte des Gottesdienstes oder des Gebetes, sie werden zu echten Gemeindezentren mit verschiedenen pädagogischen und sozialen Funktionen und Diensten, zu Heimatstätten von Geselligkeit und Freizeitaktivitäten sowie von aufgabenorientierten Netzwerkvereinigungen" (Casanova, 2006, S. 203). So sind Moscheen Gebäudekomplexe, in denen die religiösen, sozialen und kulturellen Bedürfnisse der Muslime gelebt werden.

An dieser Stellen sollen einige der bekannten islamischen Moscheevereine vorgestellt werden[3] (Şahinöz, 2011, S. 28ff):

---

[3] Zumeist türkisch-sunnitisch, darüber hinaus gibt es aber auch viele marokkanische, bosnische, albanische, afrikanische, arabische und unabhängige Vereine.

DİTİB

- "Türkisch-Islamische Union der Anstalt für Religionsangelegenheiten"
- Mitgliederstärkster Verband in Deutschland
- Ist ein eigener Dachverband, dem ca. 900 Vereine und 120.000 Mitglieder angehören
- Diyanet wurde vom türkischen Staat 1924 in der Türkei mit dem Ziel eingerichtet, die Religionsausübung in der Türkei umfassend zu organisieren
- Durch Diyanet ist der Islam in der Türkei unter der Aufsicht des Staates
- DİTİB ist der deutsche Ableger des Diyanet
- DİTİB ist als türkische Regierungsorganisation dem offiziellen Prinzip des Laizismus (Trennung von Staat und Religion) verpflichtet
- DİTİB wurde in Deutschland 1984 mit Hilfe des türkischen Staates mit 15 Moscheen gegründet
- Entstand nicht als "Selbstorganisation", sondern als eine staatlich organisierte Betreuung von Auswanderern
- Anfangs enge Kontrolle von Ankara; wenig Spielraum für eigene Initiativen -> hinderte an der Entwicklung von eigenen Positionen, die den Bedürfnissen der Gläubigen in Europa Rechnung tragen würden; heute viel flexibler, unabhängiger und zielgruppenorientierter
- Als Organisation ist DİTİB eine staatliche Bürokratie
- Viele religiöse Strömungen finden sich in den Vereinen von DİTİB wieder

- Moscheevereine, Kulturzentren, Sportvereine, Elternvereine, Telefonische Familien- und Sozialberatung, Reiseunternehmen, Beerdigungsunternehmen, Zeitungen, Zeitschriften, Buchverlag
- Vereine sind rechtlich selbstständig und unabhängig
- Die Imame werden in der Türkei ausgebildet und für mehrere Jahre nach einer bestandenen Prüfung nach Deutschland geschickt
- Auch in Deutschland werden Imame ausgebildet
- Literatur: Seufert 1999a

IGMG (Milli Görüş)

- "Islamische Gemeinschaft Milli Görüş"
- Bis 1995 unter dem Namen AMGT; der Namenswechsel zeigt einen Richtungswechsel der Milli Görüş; aus dem türkischen Namen AMGT (deutsch: Europäische Gemeinschaft Milli Görüş) wurde der deutsche Name IGMG (Islamische Gemeinschaft Milli Görüş).
- 1969 Erbakan und Parteigründung in der Türkei; Partei wurde mehrmals in der Türkei verboten
- 1976 in Deutschland gegründet
- Ca. 300 Gemeinden; 57.000 Mitglieder
- Moscheen unter dem Namen „Europäische Moscheebau- und Unterstützungsgemeinschaft e.V. (EMUG)"
- Sind im Dachverband Islamrat organisiert
- Moscheevereine, Kulturzentren, Sportvereine, Hilfsorganisationen, Beerdigungsunternehmen, Zeitungen, Zeitschriften, Buchverlag

- Prediger sind aus der Türkei; früher öfters auch ehemalige DİTİB Prediger, die in Rente gegangen waren
- Ursprüngliche Inhalte wurden immer mehr durch die nächsten Generationen relativiert
- Probleme der Muslime in Europa sind nun primär -> Hinwendung zu Europa; Europa als Heimat; Initiativen zur Erlangung der deutschen Staatsbürgerschaft
- Verfassungsschutz beobachtet die IGMG nicht mehr
- Literatur: Schiffauer, 2004, 2010; Seufert 1999b

Nurculuk-Bewegung

- Begründer: Said Nursi (1876 – 1960)
- Nur = Licht
- Intellektuell geprägte Bewegung
- Nursi strebte eine Versöhnung von moderner Wissenschaft und Theologie an
- Nursi vereinbart in seinen Texten Tradition und Moderne, Freiheit und Glaube, Religionswissenschaft und andere Wissenschaften
- Seit 1971 in Deutschland
- Ca. 70 Einrichtungen; 5000 Mitglieder
- Dachverband ERNA (European Risale-i Nur Association); sind auch im Islamrat vertreten
- Zeitgemäße Interpretation des Korans
- Die Anhänger lesen die Texte von Said Nursi -> die Risale-i Nur (Interpretationen des Koran; Kurz Risale)

- Es werden keine Moscheen gegründet, sondern Madaris (theologische Ausbildungsstätten)
- Zeitschriften, Buchverlage
- Regelmäßige Unterrichtsreihen in den Madaris, an denen auch andere muslimische Gruppen teilnehmen
- In Madaris werden die Risales gelesen und Diskurse über verschiedene gesellschaftliche und theologischen Themen geführt
- "Kein Enthusiasmus" -> keine Massenveranstaltungen
- Halten sich aus der aktiven Politik heraus; verurteilen die Instrumentalisierung des Islams für die Politik
- In politischen Debatten quasi unsichtbar
- Werden im soziologischen Diskurs in der Türkei als "Sozialer Islam" bezeichnet
- Viele verschiedene Nurcu Gruppierungen, da kein Leader und keine Zentrale
- Es existieren keine Mitgliederzahlen, keine Statistiken, keine Zentrale, keine Hierarchie, kein Leader
- Literatur: Şahinöz, 2018, 2019

VIKZ (Süleymancı)

- "Verband der islamischen Kulturzentren"
- Bis 1980 unter dem Namen IKZ ("Islamisches Kultur-Zentrum Köln)
- Begründer: Süleyman Hilmi Tunahan (1888 – 1959)

- Als Süleymancı oder auch Süleymanlı werden die Anhänger von Süleyman Hilmi Tunahan bezeichnet
- Tunahans Anhängerschaft war eine Gegenreaktion auf die ständigen Verbote und Veränderungen der arabischen Schrift, Sprache und Einheiten in der Türkei
- Tunahan organisierte Korankursbewegungen in der Türkei
- In Deutschland seit 1973; ältester existierender türkisch-islamischer Dachverband in Deutschland
- Ist ein eigener Dachverband, dem ca. 300 Vereine und 20.000 Mitglieder angehören
- Moscheevereine, Kulturzentren
- Gemeinden sind nicht selbstständig, sondern Zweigstellen der Kölner Zentrale
- Prediger kommen aus der Türkei
- Es werden auch eigene Imame in Deutschland ausgebildet
- War stärkster Einzelverband im ZMD; trat aber Ende 2000 aus und gründete eigenen Dachverband
- Im Mittelpunkt der Aktivitäten steht religiöse Meditation und dhikr (Rezitation der Namen Gottes)
- Politisch nicht aktiv
- Werden im soziologischen Diskurs in der Türkei als "Sozialer Islam" bezeichnet
- Struktur: innerer Kreis (Derwişler), äußerer Kreis (Mitglieder)
- Literatus: Jonker, 2002

ATİB

- "Türkisch-Islamische Union in Europa"
- Trennten sich 1987 von den "Grauen Wölfen"
- Ca. 27 Mitgliedsvereine; 2.500 Mitglieder
- Politisch unabhängig; distanzieren sich auch aus der türkischen Politik
- Europaorientiert
- Imame aus der Türkei
- Sind im Dachverband ZMD vertreten
- Moscheevereine, Zeitschriften, Hilfsorganisation, Beerdigungsunternehmen

Sufiorden

- Spirituelle und mystische Bewegungen
- Sufi ist der Anhänger einer solchen Bewegung, die von einem Scheich geführt wird
- In Deutschland findet man viele verschiede Sufi-Orden
- Einrichtungen (tekke), in denen religiöse Meditation und dhikr (Rezitation der Namen Gottes) betrieben werden
- Literatur: Hüttermann, 2002

Gülen Bewegung

- Gründer: Fethullah Gülen (geb. 1941)
- Gülen strebt eine türkisch-islamische Synthese an
- Weltweit Privatschulen in vielen Ländern der Welt
- Seit den 90ern in Deutschland organisiert

- 300 Einrichtungen, 150 Bildungseinrichtungen, 25 Schulen
- Privatschulen, Bildungseinrichtungen, Nachhilfeinstitute, Zeitungen, Zeitschriften, Buchverlage
- Einrichtungen, wie z.B. die Işık Evler, in denen sich die Anhänger der Bewegung treffen
- Einrichtungen, wie z.B. die Bildungseinrichtungen (Dershane), in denen auch Personen arbeiten, die nicht zur Bewegung gehören
- In vielen Städten Deutschlands wurden Nachhilfeinstitute gegründet
- Dutzende Bildungsvereine sind der Gruppe um Gülen zuzuordnen
- Einige Gymnasien gehören ebenfalls zur Bewegung
- Finanziert werden die Einrichtungen von lokalen, türkischen Geschäftsleuten
- Eigenständige Vereine
- "Bund Deutscher Dialog Institutionen", "Forum für Interkulturellen Dialog" und "Stiftung Bildung und Dialog" fungieren wie Dachverbände der Bewegung
- Schwer zu ermitteln, da wenig transparent
- Stehen in der Türkei unter großer Kritik; es wird der Bewegung vorgeworfen einen Staat im Staat aufgebaut und einen Putschversuch initiiert zu haben
- Literatur: Agai, 2006; Şahinöz, 2016, 2021

Islamrat für die Bundesrepublik Deutschland

- Dachverband
- 1986 gegründet
- 17 Bundesverbände, 10 Landesverbände, 10 lokale Vereinigungen
- Ca. 40 Mitgliedsvereine; 65.000 Mitglieder
- Größtes Mitglied: Milli Görüş

Zentralrat der Muslime in Deutschland (ZMD)

- Dachverband
- Ca. 40 Mitgliedsvereine; 10.000 Mitglieder
- Ethnienübergreifender Zusammenschluss von islamischen Organisationen in Deutschland
- Ging 1994 aus dem "Islamischen Arbeitskreis in Deutschland hervor"
- Das deutsche Element spielt in der Institution eine bedeutende Rolle

Koordinationsrat der Muslime in Deutschland (KRM)

- Wurde 2007 gegründet
- Spitzenverband der vier größten islamischen Dachverbände in Deutschland (ZMD, DİTİB, Islamrat, VIKZ)

Islamische Gemeinschaft der schiitischen Gemeinden Deutschlands

- Wurde 2009 gegründet
- Dachverband der schiitischen Gemeinden

- Deutschlandweit gibt es ca. 138 schiitische Vereine

Islamische Gemeinschaft der Bosniaken in Deutschland

- Wurde 1994 gegründet
- Ca. 80 Mitgliedsvereine

Dachverband der Marokkanischen Vereine

- Wurde 1999 gegründet
- Ca. 15 Mitgliedsvereine

Bündnis Malikitische Gemeinde Deutschland e.V.

- Ca. 120 Mitgliedsvereine
- Bundesverband für Menschen in der deutschen Gesellschaft mit einem Bezug zur malikitischen Rechtsschule
- überwiegend Moscheegemeinden und Vereine nordafrikanischer Prägung

3.0 Salafismus

3.1 Begriff Islamismus

Der Begriff Islamismus ist sehr irreführend. Sowohl für Muslime als auch für Nichtmuslime. Beide können sich die gleichen Fragen stellen: „Wer ist alles ein Islamist? Ab wann ist man ein Islamist? Wo sind die Grenzen? Sind alle Muslime irgendwie islamistisch, einige mehr, einige weniger?"

Auch ist die Wahl der Semantik problematisch (Şahinöz, 2015). Das Wort Muslim[4] ist im arabischen eine Zusammensetzung aus den Wörtern "Mu" und "Islam[5]". Mu ist ein Adjektiv und wird bestimmt in Kombination mit dem darauffolgenden Wort, in diesem Falle ist das Wort "Islam". Nicht inhaltlich, sondern rein wortwörtlich betrachtet, ist der Muslim Jemand, der dem Islam angehört.

Die Wortendung "ismus" wird üblicherweise für Ideologien genutzt, Sozialismus, Kommunismus oder Kapitalismus. Im Falle von Religionen ist die Wortendung fast immer positiv besetzt: Hinduismus, Buddhismus oder Katholizismus. Nur im Falle des Islamismus ist es ein höchst negativer Begriff.

---

[4] Bedeutung: Der, der sich dem Schöpfer hingibt.
[5] Bedeutung: Hingabe an den Einen Gott, kommt vom Wortstamm s-l-m (salām: Frieden)

Hinzu kommen Begriffe wie "Islamisierung", die die Sachlage erschweren. Was gilt als Islamisierung? Sind steigende Moscheezahlen auch eine Islamisierung?

Daher ist eine inhaltliche Auseinandersetzung mit dem Begriff wichtig.

Während Islam die Religion ist, ist mit Islamismus eine politische Ideologie und ein politisch motivierter Extremismus gemeint. Die Betonung muss also auf politischer Ideologie liegen und nicht auf der Religion. Daher ist die Wortwahl "Islam" im Wort "Islamismus" sehr unpassend. Dies lenkt von der eigentlichen Problematik ab und fokussiert den Blick auf die Religion Islam.

Diese Ideologie, wie eingangs schon deutlich gemacht, ist keine Ausprägung des traditionellen Islam. Sie lebt vom Dualismus (Gut und Böse, Wir und die Anderen) und Exklusivismus (Nur wir sind die einzig wahren Guten). Die Anhänger dieser politischen Ideologie geben an, den Islam als Staatreligion etablieren zu wollen und streben die Errichtung eines sogenannten "Gottesstaates" an, was immer damit gemeint ist, den zu keiner Zeit des Islams gab es eine Epoche, wo Muslime einen Staat so nannten; nicht einmal das Osmanischen Reich, der vielleicht in Frage kommen würde. Der Islam wird also von dieser Ideologie als politisches Instrument für die eigenen Interessen missbraucht. Alle, die dies nicht unterstützen, werden als Gegner angesehen, egal ob muslimisch oder nicht. Historisch entstanden ist diese Ideologie im 18. Jhr. und ist seit dem 20. Jhr. verbreitet.

Mit der Religion Islam hat diese Ideologie also genauso wenig zu tun wie Vergewaltigung mit Liebe. Da aber in diesem Wort der Begriff "Islam" steckt, wird dies so impliziert. Daher ist die Verknüpfung der Begriffe Islam und "ismus" höchst bedenklich.

3.2 Ideologie und theologisches Verständnis des Salafismus

Der Begriff "al-salaf al-salih" bedeutet auf Deutsch "die frommen Altvorderen". Gemeint sind damit die ersten drei Generationen der Muslime (sahaba = die, den Propheten gesehen haben und ihm gefolgt sind; tabiin = die, die die sahabas gesehen haben und ihnen gefolgt sind; tebe-i tabiin = die, die die tabiin gesehen haben und ihnen gefolgt sind). Diese drei Generationen gelten als Idealtypus. Aber nicht nur für Salafisten, sondern für Muslime generell, da es zu ihnen theologische Überlieferungen gibt. Diese drei Generationen enden mit Ahmad Ibn Hanbal (verstorben 855), der auch der Begründer der Hanbalitischen Rechtsschule ist (VS, NRW, 2009, S. 3).

Salafisten werden als solche bezeichnet, weil sie vorgeben, sich an diesen ersten Muslimen zu orientieren. Sie sagen, die Vorfahren, also die ersten drei Generationen, seien der "ursprüngliche Islam" und daher geben sie an, dass sie sich an diesem "Ursprung" orientieren. Sie möchten diesen ursprünglichen Islam in die Gegenwart holen. Dieser Idee ist zunächst einmal nichts entgegenzusetzen[6], wären da nicht grundsätzliche Probleme.

---

[6] Sich an den Propheten oder seine Gefährten zu orientieren, gilt in der islamischen Theologie als vorbildhaft. So gibt es über die Vorzüglichkeit dieser Generationen Aussprüche des Propheten Muhammed. Deshalb war ursprünglich der Begriff "Salafist" in der islamischen Geschichte ein äußerst positiv besetzter Begriff, weil er zum Ausdruck brachte, dass man sich an den Propheten und seine Gefährten hält, jedoch nicht wie es später der Salafismus tat. Denn

Zunächst einmal versuchen Salafisten das 7. Jhr. in der Gegenwart zu leben. Das ist nicht nur unmöglich, sondern bringt unheimlich viele Konflikte mit sich. So werden alltägliche Handlungen aus dieser Zeit komplett authentisch übernommen (z.B. Kleidung, Essen) ohne zu Hinterfragen, ob dies theologisch überhaupt notwendig ist. Denn in der Hadith[7]wissenschaft, im Studium der Sunna[8], wird oberflächlich unterschieden, ob die Handlung des Propheten eine Norm, eine subjektive Entscheidung des Propheten als Mensch oder eine kulturelle Gegebenheit ist[9]. Die Orientierung findet nur nach der Norm statt. Der heutige Salafismus orientiert sich jedoch nur äußerlich an den Propheten und zusätzlich ohne den Kontext zu beachten, z.B. werden zumeist kulturelle Praktiken kopiert und sie verfallen in Widersprüche. „Diese Vorgehensweise entspricht jedoch den Grundgedanken der frühen 'Traditionalisten' unter den Salafisten, die die Nutzung westlicher Errungenschaften, gerade auch im Bereich der Technik, unterstützt haben, das westliche Wertesystem aber stets rigoros ablehnten. Allerdings widerspricht es eindeutig der geforderten und vermeintlich ausgelebten authentischen 'Nachahmung'" (VS NRW, 2009, S. 11).

---

die bevorzugte Orientierung ist mehr inhaltlich, moralisch und ethisch als eine reine 1:1 Kopie.

[7] Aussprüche des Propheten Muhammed; pl. Ahadith

[8] Traditionen, Handlungen des Propheten Muhammed.

[9] Die drei Kategorien etwas genauer erläutert: 1. Subjektives: Was der Prophet persönlich mochte oder nicht mochte. 2. Kulturell: Was der Prophet machte, weil es kulturell so verbreitet war. Alle machten eine bestimmte Handlung, Muslime wie auch Nichtmuslime 3. Norm: Welches ist eine religiöse Norm? Die Orientierung findet nur nach der dritten Kategorie statt.

Da sie angeblich nach dem Vorbild der ersten drei Generationen leben, sehen sich die Salafisten als die Wächter des Islams und der Muslime. Dadurch fallen sie in den Glauben, dass sie die Religion zu verteidigen hätten. „Wenn nicht wir, wer dann?" sind dann Denkweisen, die schnell zur Radikalisierung führen können.

Das buchstäbliche Verständnis des Koran und der Ahadith verstärkt diese Problematik. Der Kontext einer Offenbarung oder einer Aussage wird dadurch ausgeblendet. Dies macht es natürlich unmöglich, den genauen Text des Korans oder der Ahadith zu verstehen, da alles wortwörtlich übernommen wird ohne den Hintergrund zu kennen.

Theologische Entwicklungen, die die muslimische Community machte, werden nicht toleriert. Daher werden viele islamische Gelehrten nicht als Autorität akzeptiert, sondern nur die eigenen salafistischen Gelehrten.

Eine andere wichtige Hauptdoktrin ist Al-Walā' wa-l-barā'. Damit ist gemeint, dass man in allen Fällen eine Loyalität gegenüber seinen eigenen Glaubensbrüdern zeigt und sich von Nichtmuslimen lossagt.

Durch ein solches Verständnis entsteht schnell ein dualistisches Weltbild, das aus Gläubigen und Ungläubigen, Freunden und Feinden besteht. Daher ist dieses wortwörtliche Verständnis auch die eigentliche

Hauptproblematik und nicht die vermeintliche
Orientierung an den Propheten und seinen Gefährten.

3.3 Geschichte des Salafismus

Um den gegenwärtigen Salafismus zu verstehen, muss man sowohl die Entstehung des Salafismus, als auch die des Wahhabismus betrachten. Als Begründer des Salafismus gilt Ibn Taymiyya (1263–1328), als Begründer des Wahhabismus Muhammad Ibn Abd al-Wahhab (1703-1792).

Die Wurzeln dieser beiden und damit auch der Salafisten liegen bei den Charidschiten.

Die Charidschiten entstanden während des Siffin-Krieges (ca. 657) zwischen Ali, dem Schwiegersohn und vierten Khalifen des Islam, und Muaviye. Als Muaviye und seine Anhänger merkten, dass sie eine Niederlage erleiden werden, klebten sie Koranseiten auf ihre Speere und sagten „Der Koran soll zwischen uns entscheiden". Ali ging darauf ein und eine unabhängige Person sollte als Richter zwischen den kämpfenden Parteien entscheiden, wer im Recht und wer im Unrecht ist. Daraufhin sagte eine Gruppe unter den Reihen von Ali, dass dies unakzeptabel wäre. Laut dem Koran könne nur Gott richten und kein Mensch. Sie beriefen sich dabei auf den Koranvers „Das Urteil ist allein Allahs" (Koran, 12:40, 12:67, 6:57). Der Kontext, die inhaltliche Aussage und der Hintergrund des Koranverses wurden nicht beachtet. Die Charidschiten wurden somit zu der ersten bekannten Gruppe, die den Koran wortwörtlich interpretierten.

Daraufhin trennten sich die Charidschiten von Ali und beschimpften ihn als Ungläubigen. Auf Grund dieser Trennung nannte man sie die Charidschiten, was so viel bedeutet wie "die Hinausgehenden" oder "die sich Absondernden". Im Zuge dieser Auseinandersetzung ermordeten sie sogar Ali.

Die wortwörtliche Auslegung des Korans, ohne den Kontext eines Verses zu betrachten, wurde mit den Charidschiten die nächsten Jahrhunderte weitergetragen, allerdings war diese Idee nur begrenzt und marginal in der islamischen Welt vorhanden.

Erst Ibn Taymiyya (1263-1328) transportierte diese Art der Auslegung des Korans in die breite Masse. Doch zunächst war dies gar nicht das Ziel von Ibn Taymiyya.

Ibn Taymiyya gehörte der Hanbalitischen Rechtsschule[10] an. Er wird sogar als "2. Begründer" dieser Rechtsschule bezeichnet. Er schrieb über drei Hauptthemen: Shia, Beziehung zwischen Verstand und Offenbarung, Politik.

Ibn Taymiyya vertrat die Auffassung, dass alle juristischen Entscheidungen direkt auf einem Beleg aus dem Koran oder der Sunna zu beruhen haben und betonte die Bedeutung der Sunna für die Koranexegese. Dabei legte er Wert auf die wörtliche Auslegung des Korans. „Oberste Aufgabe eines (islamischen) Staatswesens sei die Umsetzung des islamischen Rechts, da dessen Einhaltung als Voraussetzung des Muslimseins zu betrachten sei. Herrscher, die das islamische Recht nicht praktizieren würden, könnten daher seiner Auffassung nach nicht als Muslime bezeichnet werden, sondern seien

---

[10] Die Hanbalitische Rechtschule selbst ist weder extremistisch noch fanatisch, ist aber im Vergleich zu den anderen Rechtsschulen etwas strikter.

als Abtrünnige zu betrachten" (VS NRW, 2009, S. 7) Sein Schüler und "3. Begründer" der Hanbalitischen Rechtsschule Ibn Qayyim Al-Jawziyya systematisierte diese Ideen.

Ibn Taymiyyas Ideen waren eine Reaktion auf die Auswirkungen der Kolonialzeit. Der Wahhabismus wiederum war eine Reformbewegung, womit der Islam wieder "back to the roots" gelangen sollte (VS NRW, 2009, S. 12). Beide Bewegungen kritisierten die Muslime, lehnten viele Ideen der muslimischen Gemeinschaft ab und landeten in einem Extrempunkt (vgl. Nursi, 2001b, S. 355).

Als Begründer des Wahhabismus gilt Muhammad Ibn Abd al-Wahhab (1703 – 1792). Dessen Quellen sind Ibn Taymiyya und sein Schüler Ibn Qayyim Al-Jawziyya.

M. Ibn Abd al-Wahhab wurde geboren in Nadschd. Dem Ort, woher auch die Charidschiten und der berühmte Falschprophet Müseylime-tül-Kezzab stammten.

M. Ibn Abd al-Wahhab erhielt ein mehrjähriges Theologiestudium. Danach entwarf er eine eigene strikte und puristische Lehre des Islams. Dies schrieb er in dem "Buch der Einzigartigkeit (Gottes)" (arabisch kitab at-tauhid) nieder. Er forderte eine umfassende Reform des religiösen Lebens und eine Rückkehr zum "ursprünglichen Islam". Laut ihm hätten sich die Muslime von den ursprünglichen Glaubensinhalten ihrer Religion so weit entfernt, dass sie kaum noch als Muslime zu bezeichnen wären. Alles, was nach der Zeit der Altvorderen entstand, sei eine unerlaubte Neuerung (arabisch bid'a) (VS NRW, 2009, S. 12).

Daher nennen sich Wahhabiten niemals Salafisten oder auch nicht Wahhabiten sondern "muwahhidun" („diejenigen, die Gott zu "einem" machen"). Die restlichen Muslime beten angeblich nicht den einen Gott an. So wie Juden und Christen werden auch Muslime, die den eigenen strengen Regeln nicht folgen als Ungläubige (arabisch kuffar) bezeichnet. Diese Vorgehensweise bezeichnet man in der islamischen Literatur als takfir. Zudem sei es für den "wahren Muslim" unabdingbar, mit den Ungläubigen auf allen Ebenen zu brechen und die eigenen Glaubensbrüder unter allen Umständen zu unterstützen (arabisch kafa' wal-bara') (VS NRW, 2009, S. 12).

Zunächst predigte er in Basra. Durch seine strenge Auslegung machte er sich schnell unbeliebt und wurde letztendlich aus der Stadt verwiesen. Sowohl sein Bruder, Al-Schaykh Suleymân, als auch sein Vater, der Richter Abd al-Wahhab, warnten die muslimische Gemeinschaft vor seinen Ideen. Sein Bruder schrieb zwei Bücher, in denen er die Ideen M. Ibn Abd al-Wahhabs aufs schärfste kritisierte.

Wie schon Ibn Taymiyya, kritisierte auch M. Ibn Abd al-Wahhab, Grabbesuche und ließ Grabstätten, auch die der Prophetengefährten, zerstören. Vielen islamischen Gelehrten und auch einigen Gefährten des Propheten nahm er die Legitimation ab. Um auch das Volk auf seine Seite zu gewinnen, erklärte er Steuern als verboten.

Die Ausbreitung des Wahhabismus ist einigen politischen Schachzügen geschuldet. Ibn Saud, der Herrscher von Dir´iyya (nordwestlicher Vorort von Riad) und erster Imam der saudischen Dynastie, heiratete die Tochter von M. Ibn Abd al-Wahhab. Ibn Saud und M. Ibn Abd al-Wahhab gingen 1744 ein Bündnis ein. Ibn Saud unterstützte M. Abd al-Wahhab bei der Gründung einer Allianz und M. Abd al-Wahhab gab Ibn Saud die religiöse Legitimation. Diese Allianz prägt bis heute die politische Landschaft des saudischen Königreiches. Durch diese politische Unterstützung wurde der Wahhabismus zur Staatsideologie Saudi-Arabiens (VS NRW, 2009, S. 13).

Zwischen den Wahhabiten und dem Osmanischen Reich kam es zu großen Kriegen. 1802 kam es nach der Einnahme Kerbelas durch die Wahhabiten zu einem Massaker an der Bevölkerung. 1924 richteten Wahhabiten unter der Bevölkerung von Taif (im heutigen Saudi-Arabien) ein Blutbad an, da sie diese nicht als Muslime ansahen.

Durch die Unterstützung der Saudis durch die britische Armee und dem Zusammenbruch des Osmanischen Reiches, welches zu vielen Massakern durch die Wahhabiten führte, breitete sich der Wahhabismus Anfang des 20. Jhr. noch einmal stark aus.

Zudem erlaubte es das Ölreichtum Saudi-Arabiens, den Wahhabismus ins Ausland zu transportieren. Da die Imame, die aus Saudi-Arabien finanziert werden mit der muslimischen Community im Ausland vor Ort nicht zu

Recht kommen, gibt es heute deshalb Konflikte an vielen Orten, wie z.B. in Bosnien und Kaukasien.

Zur Verbreitung führte auch die 1962 in Mekka gegründete Islamische Weltliga (arabisch Rabitat al-'Alam al-Islami), welches ein wichtigstes Verbreitungsinstrument der wahhabitischen Ideologie ist (VS NRW, 2009, S. 13).

Was heute als Salafimus bezeichnet wird, ist in Wirklichkeit nichts anderes als Wahhabismus. Das Zusammentreffen und Zusammenschmelzen dieser beiden Ideologien hat seinen Anfang im 19. Jhr., vor allem in den politischen Krisen in Ägypten.

Die Salafisten sahen als Grund für den Rückschritt der islamischen Welt das Abweichen vom "wahren Islam". So gab es Anfang des 19. Jhr. Traditionelle und Modernisierer. Die Salafisten wollten den Mittelweg gehen. Die Zeit der rechtschaffenen Altvorderen sollte als Inspiration zur Lösung aktueller Probleme dienen (VS NRW, 2009, S. 3).

Der ursprüngliche Salafismus ist vor dem Hintergrund der geschichtlichen Entwicklungen also als eine „modernistische, Kompromiss suchende und zukunftsorientierte Bewegung zu verstehen" (VS NRW, 2009, S. 4). Doch schnell vermischte sich diese Idee mit dem Wahhabismus in Saudi-Arabien.

3.4 Salafismus – Weltweit und Deutschland

Wie schon erwähnt ist die Grenze zwischen den heutigen Salafisten (Neo-Salafisten) und den Wahhabiten fließend. Auf Grund der negativen Konnotierung gibt es aber niemanden, der sich als Salafist oder Wahhabit bezeichnet.

Geschichtlich betrachtet begann der Salafismus mit den Charidschiten, führte zu Ibn Taymiyya und schließlich zu Muhammad Ibn Abd al-Wahhab. In der Gegenwart fand er seine Erscheinung in Form von Osama bin Laden, Al-Qa´ida oder IS[11].

Geistiges Zentrum des Wahhabismus ist heute Saudi-Arabien. Schätzungsweise sind 73% der Bevölkerung in Saudi-Arabien wahhabitisch. Durch internationalen Druck versuchen die Saudis heute den Einfluss der Wahhabiten zu mildern und bezeichnen sie deshalb inzwischen als "Herz der Dunkelheit".

Salafismus ist aber auch ein europaweites Problem. Wenn man sich die IS anschaut, dann wird schnell deutlich, dass die meisten Jugendlichen, die sich dieser terroristischen Gruppe anschließen, aus Europa kommen. Sie sind Jugendliche, die in Europa geboren, aufgewachsen und sozialisiert sind. Daher ist es auch ein

---

[11] In Ländern mit überwiegend Muslimen wird der IS als Daesch bezeichnet. Daesch ist zwar die arabische Abkürzung für den ausgeschriebenen Begriff ISIS, klingt jedoch ausgesprochen wie das Verb "zerstampfen" und soll damit zum Ausdruck bringen, dass IS nicht den Islam repräsentiert, sondern den Islam mit Füßen zertritt.

Problem der Moderne (im soziologischen Sinne verstanden).

Die Entstehung von Terrororganisationen wie Al-Qa´ida oder IS hat viele Gründe. Aber vor allem ist sie auf Machtvakuum in Kriegsgebieten zurückzuführen. Fehlende Strukturen und Regierungen und große Destabilisierung führen dazu, dass einige ehemalige kriminelle Banden, Söldner und Soldaten sich zu größeren Gruppen zusammenschließen um Macht, Einfluss und Herrschaft zu erlangen. Der Islam bietet sich da als Instrument bestens an, da es in dieser Region ein Mittel ist, um möglichst viele für die eigenen politischen Ziele zu rekrutieren. Es geht diesen Organisationen also gar nicht um den Islam, sondern der Islam ist ein Mittel für ihre persönlichen Ziele.

Insgesamt fällt die Rekrutierung nicht schwierig aus, wenn man bedenkt, dass in diesen Gebieten Jahrzehntelang Krieg geführt wird und viele ihre gesamte Familie verloren haben. Viele Menschen haben praktisch nicht mehr viel zu verlieren und tragen Frust, Leid, Ärger und Wut in sich. Diese Situation ist ideal für das Entstehen und Wachsen von Terrororganisationen, weil sie die Wut dieser Menschen kanalisieren und dadurch Terrorismus legitimieren.

Die Welt globalisierte sich nicht nur in Hinblick auf Wirtschaft und Politik, sondern auch der Terror globalisierte sich. Auch der Salafismus ist eine heterogene transnationale Bewegung. So kommt es, dass globale Entwicklungen auch lokal beeinflussen.

Dementsprechend beeinflussen die Entwicklungen des letzten Jahrzehnts in den arabischen Ländern auch Europa. 2001 gab es den Afghanistan-Krieg, dem folgte 2003 der Irak-Krieg. 2010 begann der sogenannte "Arabische Frühling", der für einige Länder zwar ein Frühling, jedoch für die meisten arabischen Länder eher ein Herbst war. 2011 begann der Bürgerkrieg in Syrien und 2014 der Bürgerkrieg in Libyen.

Auch in Deutschland wächst das Salafistische Netzwerk. Es wird vermutet, dass ca. 7500 Personen dieser Bewegung zuzuordnen sind[12]. Die genaue Zahl zu ermitteln ist nicht möglich, da Salafisten in Deutschland kein Zentrum, keinen Anführer, keine Register haben. Es gibt auch keine klar strukturierte Organisation, sondern eine informelle Struktur, dass man als "Prediger-Netzwerk" bezeichnen könnte. Um diese Prediger herum entstehen die Netzwerke (VS NRW, 2009, S. 11).

Besondere Gefahr gibt es in Europa und in Deutschland durch die Syrien-Rückkehrer. Über 200 Ausreisen aus Nordrheinwestfalen nach Syrien soll es gegeben haben. 50 von diesen Personen sind zurückgekehrt, 30 sind gestorben, davon waren mindestens 8 Selbstmordattentäter (Freier, 2015).

Die große Mehrheit der Anhänger distanziert sich jedoch von der Gewaltanwendung. Laut dem Verfassungsschutzbericht 2017 gibt es in Deutschland 770 gewaltbereite Personen aus diesem Milieu. Zum

---

[12] Davon sind ca. 3% Geflüchtete Menschen aus Kriegsgebieten. Demnach sind nur ca. 0,02% aller Geflüchteten Salafisten.

Vergleich: Es gibt 7600 gewaltbereite Linksextreme und 10500 gewaltbereite Rechtsextreme (Tagesschau, 11.12.2015). Zudem gibt es laut dem Verfassungsschutzbericht 2017 bundesweit ca. 16500 (2016 waren es 12800) sogenannte "Reichsbürger" und "Selbstverwalter", von denen ca. 900 (2016 waren es 800) als Rechtsextremisten eingestuft werden.

Erste Wurzeln des Salafismus in Deutschland gibt es seit den 90´er Jahren. Aber erst 2003/2004 wurden sie in der Öffentlichkeit wahrgenommen. Es gibt mehrere Vereine, die der Szene zugerechnet werden können. Die Verbreitung der Ideologie geschieht durch Seminare, aufsuchende Sozialarbeit und vor allem durchs Internet (z.B. ist es möglich ein "Islamstudium" (Fernstudium) per Internet zu absolvieren). Dabei wird alles aufgezeichnet und Emotionalität und Populismus (insbesondere Rap und Hip Hop) gezielt genutzt.

Aber in der salafistischen Szene in Deutschland herrscht nicht unbedingt Einigkeit. Die Salafisten haben untereinander Konflikte und führen Debatten, dabei nutzen sie die in der islamischen Geschichte weitverbreitete Form der Widerlegung (Reddiye). Allerdings nicht in Schriftform, sondern per YouTube-Videos. Ehemalige Prediger der salafistischen Szene werfen z.B. anderen vor, dass diese politisch werden und gerne provozieren. In der Szene wird daher einigen Predigern Populismus und Selbstinszenierung vorgeworfen. Mehrmals kam es zu Trennungen und Spaltungen der Bewegung, weil bestimmte Prediger unter sich einen Internetkrieg führten.

Es gibt in der Szene sowohl Prediger, die sich von Terror abgrenzen[13], aber auch welche, die es legitimieren. 2009 kam es vermehrt zu Ausreisebewegungen. Radikalisierte machten sich auf den Weg ins Ausland um am bewaffneten Krieg teilzunehmen. So kommt es hin und wieder zu Festnahmen innerhalb der Szene. Jedoch werden auch viele Verfahren mangels hinreichender Beweise eingestellt.

Seit April 2012 ist die salafistische Szene besonders im Rampenlicht, da sie seitdem die Koranverteilaktion "Lies" durchführt. Gleich nach dem Start der Aktion kam es im Mai 2012 zu Ausschreitungen in Solingen und Bonn. Der Verein, der die Verteilungen organisierte, wurde November 2016 verboten.

---

[13] Bekannte Prediger aus der salafistischen Szene sind zwar klar gegen den IS und werden von diesem zum Tode verurteilt, sind jedoch selbst wie eine Art "Einstiegsdroge" in die radikale Szene.

3.5 Formen des Salafismus

Um Radikalisierungen erkennen zu können, muss gut differenziert werden. Ein "gewöhnlich" islamisches Verhalten darf dabei nicht als Salafismus bewertet werden. Auch muss man schauen, ob eine Begeisterung für einen Terroranschlag reine Provokation ist tatsächlich eine Radikalisierungsgefahr.

Zudem sind nicht alle Salafisten gewaltbereit oder befürworten Terroranschläge. In einer Antwort der Bundesregierung auf eine Kleine Anfrage im März 2017 heißt es, dass es keine Anzeichen für einen Zusammenhang zwischen der wahhabitischen Lehre Saudi-Arabiens und der Al-Qaida und IS gibt. Die wahhabitische Lehre würde diese Organisationen ablehnen. Es würde eine offene Feindschaft zwischen diesen geben und der IS würde zur Ermordung dieser Gelehrten aufrufen. Zudem gebe es in Saudi-Arabien Deradikalisierungsprogramme und die die Regierung würde sich offen gegen die Al-Qaida und die IS stellen (Religion – Weltanschauung – Recht, 2017; Deutscher Bundestag, 18/11389).

Daher unterscheidet man zwischen verschiedenen Formen des Salafismus: Puristischer Salafismus, gewaltbereiter Salafismus[14] und Mainstream-Salafismus

---

[14] Diese Form wird auch Dschihadismus genannt. Jedoch wird damit, wie schon beim Begriff Islamismus erklärt, ein muslimischer Begriff von seiner eigentlichen Bedeutung herausgerissen. Für die eigentliche Bedeutung siehe Kapitel "Krieg, Gewalt und Terrorismus im Islam".

(VS NRW, 2009, S. 7ff). Die Grenzen dieser Formen sind fließend.

Puristischer Salafismus

Die puristischen Salafisten orientieren sich strikt an Ibn Taymiyya und al-Albani (1914 – 1999). Al-Albani lehnte alle Neuerungen (bid'a) als verwerflich ab. Daher sei der Islam einer umfassenden Reinigung von allen ihm fremden Einflüssen zu unterziehen um zum angeblich ursprünglichen Kern zurückzukommen. Die Gruppe ist streng apolitisch und distanziert sich ausdrücklich von sämtlichen Organisationen oder Gruppierungen, die gewaltsam eine politische Veränderung herbeiführen wollen. Daher lehnen sie Gewalt ab. Als Methode nutzen sie die Dawa (ungefähre Bedeutung: "Einladung zum Islam"). Der Erziehungs- und Überzeugungsgedanke steht hier im Vordergrund (VS NRW, 2009, S. 7). Als Mittel nutzen sie Vorträge und Seminare.

Gewaltbereiter Salafismus

Die gewaltbereiten Salafisten sagen, dass Gewalt angewandt werden kann. Dabei wird die Bedeutung von Dschihad uminterpretiert und als Verteidigung gegen psychologischen Krieg verstanden. Zwischen den puristischen und den gewaltbereiten Salafisten kam es in den 1990'er Jahren zum deutlichen Bruch, als im irakischen Überfall auf Kuwait im August 1990, die Saudis amerikanischen Soldaten erlaubten, ins Land zu kommen. Die gewaltbereiten Salafisten riefen das saudische Könighaus für ungläubig aus und riefen zu dessen Sturz auf (VS NRW, 2009, S. 8).

Mainstream-Salafismus

Der sogenannte Mainstream-Salafismus ist eine ideologische Mischung aus dem puristischen und dem gewaltbereiten Salafismus. Sie ähnelt dem puristischen Salafismus. Der Unterschied ist, dass der gewaltbereite Salafismus nicht offen unterstützt oder abgelehnt wird. Die Gruppe ruft nicht öffentlich zum militanten Krieg auf. Direkter Aufruf zur Gewalt bzw. zur militärischen Bekämpfung "unislamischer Regime" erfolgt nicht. Ihre Anhänger sind jedoch leichter zum gewaltbereiten Salafismus zu rekrutieren, da keine klare Abgrenzung stattfindet (VS NRW, 2009, S. 8ff).

3.6 Typus der Anhänger und Gründe für Radikalisierung

Es gibt viele Faktoren, warum sich Jugendliche radikalisieren (Şahinöz, 08.09.2014). Egal ob rechter, linker oder religiöser Fanatismus, die Muster scheinen jedoch gleich zu sein. Daher sind auch die Rattenfängermethoden dieser Gruppierungen identisch[15]. Jugendliche werden mit offenen Armen empfangen. Die Muster sind gleich. Nur Namen, Begriffe und die Semantik ändern sich. Fast nie geht es um theologische Gründe.

Stärker "anfällig" für radikale Gruppen sind männliche Jugendliche zwischen 19 und 27 Jahren. Häufig sind es Jugendliche, die nach Orientierung und Sinn im Leben suchen, vorher geringe religiöse Bildung hatten[16] und denen Perspektiven und Ziele fehlen. Auch

---

[15] Die Forschungs- und Beratungsstelle Terrorismus / Extremismus (FTE) des Bundeskriminalamtes stellt fest, dass rechts-, links- und religiösextreme in ihrer Radikalisierung die gleichen Muster (z.B. kaputte und schwierige Familien, Trennungen, Todesfälle, Alkohol, Drogen, Gewalt, Belastungen in der Kindheit, Probleme in der Schule, keine abgeschlossene Ausbildung) aufzeigen und kommt daher zum Schluss: „In welchem Extremismus diese Personen [...] landen, ist letztlich reiner Zufall. Überspitzt gesagt: Ein Islamist aus Dinslaken hätte in Sachsen genauso gut ein Rechtsradikaler oder in bestimmten Stadtteilen Berlins oder Hamburgs ein Linksradikaler werden können" (Hart aber Fair, 11.04.2016).

[16] Laut einem Bericht kauften sich Radikale kurz vor ihrer Reise in den Krieg nach Syrien das Buch "Islam für Dummies" (Hasan, 2014). Dass heißt, auch wenn es keine Konvertiten sind und vorher schon Muslime waren, sind es sozusagen "Neugeboren Muslime", die ebenfalls "konvertieren".

Gefängnisinsassen sind stärker anfällig, da bei ihnen die gerade genannten Faktoren im hohen Maße zutreffen.

Diese Sinnsuche wird verknüpft mit der Sehnsucht nach Geborgenheit, Anerkennung, Vertrauen, Fürsorge und Liebe. Viele Jugendliche erhoffen sich durch den Anschluss an eine radikale Gruppe die viel ersehnte familiäre Wärme zu finden. Sie suchen in der Gruppe eine Geborgenheit. Diese waren ihnen in der eigenen Familie oder im Freundeskreis verwehrt. Sie erhalten plötzlich eine Wertschätzung und werden wichtig, alles was sie im "vorherigen Leben" nicht bekamen. Daher fühlen sie sich wieder wertvoll und nützlich. Die Gruppe wird zu ihrer Ersatzfamilie.

Auf Grund einer entfremdeten oder Konflikt-Biographie erhalten die Jugendlichen in der radikalen Gruppe eine selbststärkende Identität. Obwohl sie auch hier eine entfremdete Identität, ja fast eine Schizophrenie ausleben, vorspielen und inszenieren, wird dies durch die Erfahrene Geborgenheit unterdrückt. Meist dient dann auch die Religion nur als Identitätsstifter. Dass heißt, diese Personen handeln dann nicht aus tiefstem inneren oder aus Überzeugung religiös, sondern, weil ihnen Religion eben diese Identität liefert. So bieten radikale Gruppen eine einfache und klare Antwort auf die Identitätssuche vieler Pubertierender an.

Dieser Identitätswandel erfolgt bei Jugendlichen sehr schnell. Der Jugendliche, der vorher sehr wenig Bezug zu seiner Religion hat, wird binnen weniger Wochen zu einem "Gelehrten", bzw. er verhält sich so, als würden die übrigen Personen die Religion falsch ausleben und er und seine auserwählte Gruppe hätten die Religion richtig verstanden. Diese sehr schnelle Veränderung ist psychisch fatal für die Identität und zeugt auch eine Identitätssuche.

Auch bei einigen Konvertiten spielt die Identität eine Rolle. Einige Konvertiten suchen eine komplett neue Identität. Sie wollen mit ihrem "früheren" Leben nichts zu tun haben. Daher wollen sie eine Gesamtveränderung, auch äußerlich und namentlich[17]. Diese komplett neue Identität erhalten sie in radikalen Gruppen. Hier werden sie nicht nur zu Muslimen, sondern ändern alles andere auch, wie z.B. Aussehen, Sprache, Kultur.

Die radikale Gruppe bietet zudem Sicherheit. Es gibt ein einfaches Weltbild, das aus Gut und Böse besteht. Alles scheint klar und ersichtlich zu sein. Die Regeln sind klar, die Wahrheiten einfach. Diese dichotome Weltsicht ist für viele Jugendliche ein wichtiger Anziehungspunkt, weil sie in der undurchsichtigen modernen Gesellschaft diese Gewissheit nicht haben. Daher bietet ihnen die Gruppe eine Komplexitätsreduzierung an.

Bei Eintritt in diese Gruppen wird das "Wir"-Gefühl gestärkt. Hier finden die Jugendlichen gehör. Hier sind sie willkommen, werden nicht ausgestoßen. Sie gehören dazu. Sie sind wichtig, was noch einmal das Selbstwertgefühl steigert. Daher ist die Radikalisierung auch eine Gegenreaktion zur Ausgrenzung. Zudem ist der Mensch ein soziales Wesen, das sich in bestimmten Situationen einer Gruppe anpasst, auch wenn es den

---

[17] Selbst der Prophet Muhammed hat nur dann die Namen der Muslime ändern lassen, wenn sie eine negative Bedeutung hatten.

Werten der Gruppe nicht glaubt. Gruppenzwang, besonders bei Jugendlichen, spielt hier eine einflussreiche Größe. Hinzu kommen Jugendbedürfnisse, wie z.B. Protestbedürfnis, Abenteuerlust, Zugehörigkeit zu einer Clique. Radikale Gruppen stillen diese Bedürfnisse. Eigene Symbole wie Sprache, Musik oder Bekleidung machen die Gruppe zu etwas Besonderem.

Ein anderer Faktor, was bei Radikalen – egal ob Jugendlich oder nicht – eine immense Rolle spielt, ist das Gerechtigkeitsempfinden. Viele gehen davon aus – auch auf Grund der dichotomen Weltsicht – dass es nur Ungerechtigkeit in der Gesellschaft gibt. Sie wollen dann mit Hilfe ihrer Gruppe "die Welt retten". Ihre Anschläge sollen die Gesellschaft "verbessern". So fühlen sie sich wie "Helden", ihr Selbstwertgefühl steigt. Das Paradoxe ist, dass sie die Gesellschaft durch ihre Anschläge zerstören. Dies wird dann damit legitimiert, dass einige geopfert werden müssen, damit es besser wird!

Viele Radikale geben an, dass sie sich vor ihrem Eintritt in die Gruppe ungerecht und diskriminierend behandelt fühlten. Negative Erlebnisse in Schule, Arbeit und Familie, Ausgrenzungserfahrungen, Diskriminierung verstärken dieses Gefühl. Wenn dieses Gefühl ein hohes Maß annimmt, verknüpft mit fehlender Geborgenheit, Sicherheit und Vertrauen, suchen sie nach alternativen Wegen, um diese zu erfüllen. Sie lehnen also die Ungerechtigkeit ab und suchen andere Gerechtigkeitsmodelle. Dies ist der größte Nährboden für Radikalisierungen jeglicher Art. Radikalisierung ist Verlockend für die, die sich sowieso ausgegrenzt fühlen. Eine Studie über den Radikalisierungsprozess bestätigt dies. Marc Sageman (2008) interviewte 500 Gewalttäter aus Terrornetzwerken. Er kam zum Ergebnis, dass Faktoren wie Bildung oder theologisches Wissen keine Rolle spielen. Das einzige was zählt ist das Gerechtigkeitsbedürfnis.

Das britische Inlandsgeheimdienst MI5 führte ebenfalls eine große Studie durch. Bestandteil der Fallstudie waren mehrere Hundert gewaltbereite Extremisten, die, von der Finanzierung bis zum Selbstmordattentat, an terroristischen Aktivitäten beteiligt waren. Das Ergebnis: Radikale sind weder psychisch verrückt noch wurden sie einer Gehirnwäsche unterzogen. Sie sind religiös eher ungebildet. MI5 schreibt, dass sie große Wissenslücken im Islam haben und daher eher religiöse Novizen sind. Wenn sie älter als 30 Jahre sind, sind sie verheiratet und haben Kinder. Sie sind weder arm und ungebildet noch gesellschaftlich privilegiert. Meistens sind es ehemalige oder aktive durchschnittliche Kriminelle. Drogendealer oder Diebe versuchen durch fanatischen "Glauben" ihre Sünden wettzumachen. Vergewaltiger oder Schläger zieht die dem Terrorismus innewohnende Gewalt an. Laut der Studie verbreiten und verfestigen auch die Berichterstattungen einiger Massenmedien Vorurteile gegenüber Muslimen, welches dann wiederum zu Radikalisierungen führt. Aus der Studie geht ebenfalls hervor, dass das Internet ein wichtiges Hilfsmittel bei der Verbreitung der Ideologie ist, aber nicht die Hauptrolle bei der Radikalisierung spielt. Die Radikalisierung findet letztendlich statt, wenn man gleichgesinnte in der Umgebung hat. Es sind dann nicht die Imame oder der Moscheeverein, sondern bestimmte Rekrutierer, die letztendlich zur Radikalisierung führen. Gründe, die zur

Radikalisierung führen, sind laut dieser Untersuchung gefühlte oder tatsächliche Ungerechtigkeiten, Diskriminierungserfahrungen und die Vorstellung, dass ein "Krieg gegen den Islam" geführt wird. Allerdings werden solche Gründe meist im Nachhinein konstruiert, um das eigene Handeln zu rechtfertigen. Insgesamt wird die radikale Szene durch unterschiedliche Faktoren, wie z.B. Mitgliedschaft bei einer (selbsternannten) Elite, Kämpfer für eine (angeblich) gerechte Sache, Popstarstatus innerhalb der radikalisierten Gruppe, Heiratsvermittlung, klare Regeln und einfache Feindbilder und paradiesische Verlockungen schmackhaft gemacht (Die Welt, 26.08.2008).

Fazit: Die Faktoren zur Radikalisierung von Jugendlichen sind soziologischer und psychologischer Natur. Suche nach Sinn, Anerkennung, Geborgenheit, Vertrauen, Fürsorge, Sicherheit, Liebe, Wir-Gefühl, Klarheit, Einfachheit, Reduzierung der Komplexität, Gerechtigkeit und gefestigter Identität sind entscheidende Gründe, warum sich Jugendliche radikalisieren. Vor allem der Gerechtigkeitssinn und die Identitätssuche sind einflussreiche Faktoren.

3.7 Innermuslimische Konflikte

Es gibt eine Menge Konfliktpotenzial (Şahinöz, 19.10.2010) zwischen den Salafisten und den restlichen Muslimen, die weltweit 99,99% der Muslime ausmachen.

Salafisten und Wahhabiten nehmen für sich in Anspruch, den "richtigen" Monotheismus, und dadurch den einzig wahren Islam zu leben. Den anderen Muslimen werfen sie vor, verwerfliche Neuerungen (arabisch bid′a) in den Islam integriert zu haben (VS NRW, 2009, S. 5ff). Dadurch entstehen schon Konflikte von Grund aus.

Dadurch werden z.B. die Islamische Theologie, Schiiten oder die Sufiorden als unislamisch und ungläubig (arabisch kuffar) betrachtet. Die einzige Islaminterpretation, die für sie gültig ist, ist ihre eigene. "Türkische" Moscheen in Europa werden häufig als Kulturvereine abgewertet. Die vier Rechtsschulen werden nicht anerkannt, weil sie ebenfalls "später" (nach den drei Generationen) entstanden. Die Imame der restlichen Muslime werden nicht als Autoritäten angesehen. Jegliche Argumentationen in Diskussionen verlieren dadurch ihr Gewicht.

Die Konflikte führen so weit, dass Dschuhaiman al-ʿUtaibi 1979 mit 500 Männern die Kaaba, den wichtigsten Ort für Muslime, stürmte. Zwei wochenlang gab es blutige Kämpfe, bei denen über 1000 Menschen starben. Dschuhaiman legte mit dieser Aktion den Grundstein des salafistischen Terrors.

Desweiteren gebrauchen sowohl Salafisten als auch Rechtsradikale islamische Begriffe, die eigentlich positiv sind, als Schlagwörter, verändern dadurch ihre Bedeutung und machen sie so "unbrauchbar". Auch dies führt zu einem Bruch in der muslimischen Community.

3.7.1 Koranverteilaktion "Lies"

Zunächst einmal sei gesagt, dass niemand (zumindest kein Muslim) mit einem gesunden Menschenverstand gegen das Verteilen des Korans ist. Kaum einer wird dies negativ einstufen oder als sinnlos ansehen. Auch Muslime bekommen ständig Bibeln in die Hand gedrückt. Das ist völlig legitim und vor allem legal.

Warum aber die Muslime selbst gerade diese Verteilung anzweifeln hat einen anderen Hintergrund (Şahinöz, 16.04.2012, 18.04.2012). Es liegt nicht am Koran oder an dessen Verteilung. Die Behauptung der Salafisten, die Muslime wären gegen die Verteilung des Korans, ist nicht haltbar. Dies ist schlicht und einfach falsch. Die Muslime, die sich gegen die Aktion aussprechen, werden in den salafistischen Kreisen als Feinde oder sogar als "sogenannte Muslime" bezeichnet.

Die Muslime sind aus anderen Fakten gegen diese Aktion. Schauen wir uns dazu einfach mal den Effekt dieser Verteilung an.

Die Verteiler, also die Salafisten, behaupten, dass sich dadurch die Meinung zum Islam verbessern würde. Die Menschen würden den Koran lesen und dadurch ein anderes Bild vom Islam bekommen.

Ist das wirklich so? Trifft das zu? Ist nicht durch diese Aktion genau das Gegenteil bewirkt worden? Hat man so die Herzen der Menschen gewonnen?

Der Prophet Muhammed hat immer kontextgebunden gehandelt. Er hat die Psychologie der Menschen gut verstanden und hat dementsprechend die Liebe in den Herzen der Menschen erzeugt.

Leider ist durch diese Aktion genau das Gegenteil entstanden. Nur noch mehr Hass, noch mehr Provokation, noch mehr undifferenzierte Polemiken.

Die Aktion hat auch einen psychologischen Effekt, der bisher ganz außer Acht gelassen wird. Im Unterbewusstsein werden die Begriffe "Salafismus" und "Koranverteilung" miteinander verknüpft.

Jedes Mal, wenn ein Koran verschenkt wird, denkt man an diese Aktion und damit an Salafisten. Das ist sehr schädlich aus Sicht der Muslime. Das Thema des Koranverschenkens z.B. nach Moscheeführungen ist damit für einige Moscheevereine schwieriger geworden.

Und das ist der eigentliche Knackpunkt dieses Theaters. Hier wird ein Weg komplett verschlossen.

Dass, was die Salafisten also erreichen wollen, erreichen sie mit dieser Aktion nicht. Sie bewirken genau das Gegenteil.

Warum tun sie es aber trotzdem?

Der Salafist hinter dem Stand wird sich dafür nicht wirklich interessieren. Dieser würde sagen, er mache es "für Allah".

Schauen wir daher nicht auf die Theaterbühne, auf die Inszenierung, sondern dahinter. Fragen wir uns einfach einmal, wem nützt das ganze?

Den Nichtmuslimen? Wohl kaum. Wie schon oben beschrieben, hat es hier genau den Gegeneffekt erzeugt.

Den Muslimen? Sicherlich nicht. Da der Islam und die Muslime dadurch im Visier stehen, muss sich jeder Muslim rechtfertigen. Es folgten schon zu Beginn der Aktion viele undifferenzierte Meinungen und Berichterstattungen zum Islam.

Den Salafisten? Richtig. Die Salafisten sind die einzigen, die davon profitieren. Maximal 7500 Salafisten gibt es in Deutschland. Im Gegenzug gibt es ca. 4,8 Millionen Muslime. Dass heißt 0,16% der Muslime in Deutschland haben einen Nutzen davon. Die restlichen 99,84% müssen es ausbaden.

Es scheint also alles eine reine PR-Strategie zu sein. So, wie man es schon in der Vergangenheit aus dieser Szene kennt. Das schlimme hierbei ist jedoch, dass dafür der Koran missbraucht wird. Ob sich das wirklich alle Verteiler bewusst sind?

3.7.2 Takfir- Wer ist gläubig? Wer ist ungläubig?

Menschen in Kategorien und Schubladen zu stecken führt dazu, dass sich Stereotypen und Vorurteile verbreiten.

Ein solcher beliebter Trend der Salafisten ist, wie schon in den vorherigen Kapiteln deutlich wurde, die Kategorisierung in "Ungläubiger" und "Gläubiger" (Şahinöz, 16.10.2010). Natürlich ziehen sie es vor, arabische Begriffe, wie z.B. "Kafir" oder "Kuffar" zu benutzen.

Die Methode dabei ist ganz einfach: Alles, was nicht zu "uns gehört, ist "von der anderen Seite".

Solch eine Denkweise erleichtert natürlich das ganze Leben. Es wird alles unkomplizierter. Man muss nicht mehr differenzieren und packt alles in die gleiche Schublade.

Und man kann damit auch jede eigene noch so negative Handlung legitimieren: „Ich weiß, dass x nicht erlaubt ist, aber ich musste es tun, es sind ja alles Ungläubige."

Da werden dann nicht nur Nichtmuslime zu "Ungläubigen" erklärt, sondern auch die Muslime, die sich z.B. die deutsche Staatsbürgerschaft aneignen. Dies wird dann so erklärt, dass Personen, die die Staatsbürgerschaft erlangen, einen Vertrag mit dem deutschen Staat abschließen, sprich Dokumente unterzeichnen, die nicht Islam-Konform seien.

Hinzu kommt noch die Aussage, dass man ja sowieso in einem ungläubigen Land leben würde. Es wird also auch noch ein ganzes Land für ungläubig erklärt.

Nicht nur das Land!

Auch die Menschen auf und in diesem Land, samt Christen, Juden und eben Muslime, die sich in Deutschland zu Hause fühlen oder die deutsche Staatsbürgerschaft erlangt haben.

Oder auch andere islamische Gruppierungen werden ganz nach beliebigem kategorisiert.

Die einzig wahren Muslime seien die Wahhabiten und die Salafisten. Da aber Al-Qa'ida, IS, Boko Haram alle samt Salafisten und Wahhabiten sind, sind diese Begriffe so negativ besetzt, dass sie sich natürlich in der Öffentlichkeit nicht so bezeichnen.

Diese Menschen nehmen sich also das Recht, alles und jeden als "Ungläubige" abzustempeln. Frag sich nur, wer ihnen das Recht dazu gibt. Haben sie sich das Recht etwa durch Gott eingeholt? Wohl kaum. Aber das wird sie nicht viel interessieren. Denn es geht ja nur ums Prinzip: Gruppe A vs. Gruppe B.

Alles andere wäre viel zu kompliziert.

Denn dann müssten sie sich ja noch überlegen, was sie davon haben, wenn sie bestimmen, wer Gläubig ist und wer nicht. Wäre Gott nicht selber darauf gekommen, wenn sie Person x nicht als Ungläubige abstempeln würden?

Am widersprüchlichsten ist die haargenaue Ausarbeitung zur Thematik: „Wer die Handlung x macht, wird ein Ungläubiger." Auch wenn er an den Einen Schöpfer glaubt? „Auch dann!" Auch wenn er an alle Propheten glaubt? „Ja." Und die Engel, die Bücher, die Auferstehung und die Vorhersehung Gottes? „Wenn er Handlung x gemacht hat, ist er ein Kafir!"

Es kommt also dann doch nicht darauf an, was man tatsächlich glaubt, sondern was man tut oder nicht tut!?

Sie können also anscheinend mit ihren Röntgen-Augen direkt in die Herzen der Menschen schauen und darüber entscheiden, ob und wie viel sie gläubig sind. Auch das ist wohl eine Kunst, von der sich Magier noch einiges abschneiden kann.

Nur Gott kennt die Herzen der Menschen.

4.0 Krieg, Gewalt und Terrorismus im Islam

Der Islam untersagt das bewusste Töten eines jeden Lebewesens. Das unnötige Zertreten von Pflanzen oder Ameisen, die Tötung von Fliegen oder Spinnen oder das unnötige Abholzen von Bäumen oder Ästen fallen genauso zum Verbot des Tötens von Leben. Die Einschränkung gilt also nicht nur für Menschen, sondern alle Lebewesen, die unnötig, unschuldig oder bewusst getötet werden.

So ist es der Koran, der sagt, dass einem Menschen, der einen unschuldigen Menschen tötet, eine Sünde zugeschrieben wird, als hätte er die gesamte Menschheit getötet. Umgekehrt gilt, dass ein Mensch, der nur einem Menschen geholfen hat, so belohnt wird, als hätte er der gesamten Menschheit geholfen (Koran, 5:32).

Schon laut diesen Prinzipien sind Krieg und Gewalt für Muslime ausgeschlossen. Der einzige Krieg, der für Muslime in Frage kommen könnte, ist der Verteidigungskrieg. Nur diese ist legitim. Über die Logik einer Legitimation in der Verteidigung braucht man nicht zu diskutieren. So ist die gesamte Menschheitsjustiz auf dieser Logik aufgebaut.

Aber der Islam geht einen Schritt weiter. Es macht etwas, was es selbst in der menschlichen Justiz nicht gibt. Denn sogar in einem Kriegsfall dürfen Kranke, Senioren, Frauen, Kinder, Nichtkämpfende, Sich im Hause unter

Schutz befindende Menschen, Zivilisten, Tiere und Pflanzen nicht angegriffen und Gebäude nicht zerstört werden. Der Islamgelehrte Said Nursi hierzu: „Könnte eine Scharia, die davor abhält, gar eine Ameise absichtlich zu zertreten oder ihr Schaden zuzufügen, jemals das Recht der Söhne Adams (der Menschen; Anmerkung des Autors) vernachlässigen?" (Nursi, 2011, S. 53ff).

Und auch wenn angreifende Soldaten im Krieg getötet werden, gibt es eine wichtige Bedingung: Nicht aus persönlichen Gründen, sondern nur zur Verteidigung. Hierzu eine Begebenheit aus der Geschichte: Mitten in einem Krieg schlug Ali, der Schwiegersohn des Propheten Muhammed, einen Gegner runter und wollte ihn gerade erdolchen. Der Gegner spuckte Ali ins Gesicht, damit Ali ihn schneller tötet und nicht leiden lässt. Ali zögerte einen Moment und ging dann plötzlich weiter. Später - nach dem Krieg - begegneten sich diese beiden noch einmal. Der Mann fragte, warum Ali ihn nicht getötet habe. Ali antwortete: „Hätte ich dich vor dem Spucken getötet, hätte ich es aus Verteidigung getan. Hätte ich dich nach dem Spucken getötet, hätte ich es aus Wut und Hass getan und wäre somit ein Mörder!"

Auch den viel zitierten Begriff des "Heiligen Krieges" kennt der Islam nicht. Zunächst einmal gibt es im Islam nichts "heiliges". Weder im Koran noch in den Aussagen des Propheten Muhammed findet man Begriffe wie Heiliger Krieg. Es gibt auch keine Übersetzung dafür in den Ländern mit überwiegend Muslimen, z.B. auf Arabisch oder Türkisch. Dieses Wort ist eher eine

Fremdzuschreibung. Außenstehende haben diesen Begriff dem Islam und den Muslim zugeschrieben.

Natürlich spielt hier der Begriff des "Dschihad" eine wichtige Rolle. Doch auch dieser Begriff wird oft willkürlich ins Deutsche übersetzt ohne Bezug zur wahren Bedeutung des Wortes. Auch wenn heute allgemein bekannt ist, dass das Wort im Arabischen ein ganz gewöhnliches und alltäglich gebrauchtes Verb mit der Bedeutung „sich anstrengen" ist, wird es weiterhin öfters als Schlagwort verwendet. Von einigen Gruppen leider auch bewusst. Denn sowohl religiöse Extremisten als auch Rechtspopulisten verwenden den Begriff Dschihad in einem ganz anderen Kontext, weit entfernt von der eigentlichen Bedeutung ist.

Als der Prophet Muhammed zusammen mit seinen Gefährten von einem Gefecht in Tebuk nach Medina zurückkehrte, sagte er „Wir kommen aus dem kleinen Dschihad und ziehen in den großen Dschihad" (Razi, XXIII, 72; Beydavi, II, 97). Als er gefragt wurde, was den größer sein kann als das Geflecht, das sie gerade hatten, entgegnete der Prophet, dass der große Dschihad, der Kampf gegen das Negative in einem Menschen selbst ist, mit anderen Worten gegen den eigenen inneren Schweinehund. In einer anderen Überlieferung sagte er: „Ein echter Kämpfer ist jemand, der Dschihad gegen seine negativen inneren Triebe führt" (Tirmizî, Cihad, 2).

Dschihad ist also die Anstrengung, sich vom Schlechten abzuwenden und seine negativen inneren Triebe zu bändigen.

Said Nursi spricht von einem immateriellen, spirituellen Dschihad und meint, dass man nicht mit Waffen, sondern mit Verstand und Herz gegen das negative in der Welt vorgehen soll (Nursi, 2001a, S. 458). Zudem schreibt er: „Unser Einsatz für die Beseitigung von Armut, dem Aneignen der Wissenschaft und für ein solidarisches Zusammenleben ist größter Dschihad" (vgl. Nursi, 1978, S. 23). Über dieses Verständnis sagt das Institut für Auslandsbeziehungen vom Deutschen Außenministerium: „Said Nursi lehnt den Fanatismus ab und mit ihm auch den Dschihad als ein Mittel der Gewalt, um die Gesellschaft zu verändern und den Unglauben zu bekämpfen" (Szyska, 2002, S. 25).

Auch der Islamgelehrte Imam Al-Ghazali betonte ähnlich wie Said Nursi: „Erkläre folgenden Feinden den Dschihad: Egoismus, Arroganz, Einbildung, Selbstsucht, Gier, Intoleranz, Habsucht, Zorn, Lüge, Betrug, Geschwätz und Verleumdung."

Eine andere Thematik, die in diesem Zusammenhang oft genannt wird, ist der Selbstmord. Obwohl der Selbstmord eins der größten Sünden im Islam ist und dieser Akt eine große Strafe mit sich bringt, wird diese Tat, die durch und durch politisch motiviert ist, dem Islam zugeschrieben.

Die Motivation zu Gewalt und Terror kommt also keineswegs aus der Religion. Denn laut den islamischen Vorschriften, dem Koran oder der Lebensweise des Propheten kann kein Muslim ein Terrorist sein.

Es ist in der Tat so, dass keine der Religionen Terror oder Gewalttaten in sich trägt. Es gibt dafür kein Potential in den Glaubensrichtungen. Das Produkt des Terrors ist immer Blut. Egal aus welchen Motiven her Terror droht, sei es politisch oder ideologisch. Terror hat keine Nation und keine Religion. Terror ist Terror. Kein Muslim kann ein Terrorist sein und kein Terrorist kann ein Muslim sein. Terror ist der Feind unserer aller Zukunft. Hier müssen alle Menschen zusammenhalten, ohne den Anderen zu beschuldigen. Beim Untersuchen der Religionen kann man feststellen, dass keine Art von Gewalt aus diesen Religionen abgeleitet werden kann. Vielmehr werden diese Religionen für die eigenen (meist politischen) Ziele benutzt, um Macht und Herrschaft zu erlangen.

Daher muss man differenzieren: Es wird ein Rezept aufgeschrieben, aber der Kranke liest es nicht oder nimmt die Medizin nicht. Liegt die Schuld dann am Rezept? Sicherlich nicht.

So befinden sich in der Apotheke der Offenbarungen die wunderschönsten Rezepte. Nur muss man sie richtig lesen und einnehmen. Man sollte also die Schuld nicht in den Religionen suchen, sondern bei jenen Gläubigen, die ihre Bücher nicht lesen.

Wenn man versucht, Gewalt oder Krieg aus dem Koran herauszulesen, macht man im Grunde das gleiche was man den Salafisten vorwirft, nämlich den Koran wortwörtlich zu lesen, ohne jeglichen Kontext. Auf diese Art und Weise kann man natürlich sowohl aus dem Koran, aber auch aus allen anderen Büchern der Welt -

Altes Testament, Neues Testament, Herr der Ringe –
Krieg herausphantasieren.

4.1 Scharia vs. Grundgesetz?

In eher polemischen Diskussionen wird immer wieder behauptet, dass für Muslime die Scharia über dem Grundgesetz stehen würde. Die Muslime würden sich daher nicht an das Grundgesetz halten, sondern an die Scharia und an den Koran.

Was in Diskussionen auf diesem Niveau nicht behandelt, ja nicht einmal hinterfragt wird, sind Fragen, was überhaupt die Scharia ist, was sie genau bedeutet, was es heißt, sie mit dem Grundgesetz zu vergleichen.

Dabei ist die Scharia, nicht wie immer wieder angenommen wird, ein Regelwerk oder ein Grundgesetz, sondern es ist eine Lebensweise der Muslime. Wortwörtlich übersetzt heißt Scharia „der Weg zur Tränke", sinngemäß heißt es „der gerade Weg". Es ist also ein "Weg", eine Lebensweise, eine Lebensphilosophie. Ein Weg, der zur Weisheit und Reife führen soll.

Die (Rechts)Quellen der Scharia sind der Koran (Offenbarung Gottes), die Sunna (Taten und Aussprüche des Propheten), Idschma (Konsens der islamischen Rechtgelehrten) und Qiyas (Analogieschluss). Die Scharia ist daher ein System, das aus diesen Quellen geschöpft wird.

An Hand dieser Quellen sehen wir aber, dass 99% der Scharia aus Moral und Ethik besteht. Der Islamgelehrte Said Nursi hierzu: „Scharia besteht zu 99% aus Ethik, Gebet, Jenseits und Tugendhaftigkeit. Nur 1% ist

Rechtsordnung, und damit sollten sich die Regierenden befassen" (Nursi, 2001c, S. 59). An anderer Stelle heißt es: „Wir haben den Sinn und das Ziel der Scharia nicht begriffen [...]. Scharia, welche zu neunundneunzig Teilen von hundert Teilen dich angeht. Ein Teil betrifft und obliegt den Regierenden" (vgl. Nursi, 1978, S. 23).

Daher ist die Scharia keine bloße Rechtsordnung oder ein Gesetzbuch, sondern eine Lebensweise. So ist die Scharia auch nicht verschriftlicht oder kodifiziert. Wer nach einem "Sharia-Gesetzbuch" sucht, sucht also vergebens.

Ohnehin war die Scharia oder der Koran noch nie in den muslimischen Gemeinschaften das Grundgesetz. Noch nie hat der Koran das Grundgesetz ersetzt. Jedes Land, in dem überwiegend Muslime lebten, hatte selbstverständlich ein Grundgesetz. So z.B. als der Prophet Muhammed in Medina "regierte". Hier wurde nicht die Scharia als Gesetzbuch genommen, sondern eine Verfassung, die alle Religion und Kulturen mitberücksichtigte. Auch heute haben Länder mit überwiegend Muslimen Grundgesetze und es wird selbstverständlich nicht darüber diskutiert, diese mit einem "Scharia-Gesetzbuch" zu ersetzen, weil Muslime diese beiden nicht vergleichen oder gleichsetzen. Die Diskussion "Scharia oder Grundgesetz?" ist daher keine innermuslimische Diskussion, sondern eine europäische Diskussion.

Naturgemäß ist es so, dass die Grundgesetze vom Koran inspiriert waren und sind. So wie auch gegenwärtig viele Grundgesetze in Europa und der Welt von der Bibel, oder das Grundgesetz in Israel von der Thora inspiriert sind.

Grundlegende Werte, wie Demokratie, Meinungsfreiheit oder Menschenrechte sind aus den Offenbarungen inspiriert. So haben auch muslimische Gemeinschaften ihre Inspiration aus dem Koran geschöpft. Dabei waren die Grundsätze „Jeder ist frei in seiner eigenen Religion" und „Jeder ist frei in der Religionsauslebung" nicht nur bloße Theorien, sondern gelebte Praxis. Dies sehen wir auch beim Propheten Muhammed, der in Medina als Oberhaupt der Bevölkerung, die Christen und Juden ihre Religion ausüben lies. Die Rechte der Christen und Juden zur Religionsausübung waren in der o.g. Verfassung fest verankert.

Auch gab es in der Geschichte nie ein Land, eine Nation oder eine Gemeinschaft, dass sich "Islamisches Land" oder ähnlich bezeichnete. Als der Prophet Muhammed nach Yathrib kam, wurde der Name in Medina umgeändert, was einfach nur "Stadt" bedeutet. Auch das Osmanische Reich, welches 623 Jahre herrschte, nannte sich in all diesen Jahrhunderten nicht "Islamischer Staat". Daher kann sich keine Gemeinde, Nation oder Land heute das Recht nehmen, sich so zu bezeichnen. Nicht Länder, sondern Personen können muslimisch sein.

Daher sind Diskussionen, ob die Scharia mit dem Grundgesetz vereinbar ist, sinnlos und zeigen nur eine große Unkenntnis gegenüber dem Islam. Sie dienen häufig nur als Polemik oder sollen öfters eine gewisse Islamophobie verschleiern.

4.2 Was sagte der Prophet Muhammed zum IS?

Nach dem Koran sind die Aussprüche und Handlungen des Propheten Muhammed die wichtigste Quelle des Islams. Der Muslim orientiert sich an diesen. Diese Aussprüche wurden nach bestimmten Kriterien nach Authentizität überprüft und in vielen Bändern gesammelt. Überlieferungen, deren Authentizität nicht gesichert sind, werden nicht weiter beachtet und sind nicht bindend.

Die Aussprüche sind kategorisiert nach unterschiedlichen Themen. So gibt es auch Themen, die die Zukunft betreffen. In vielen dieser Überlieferungen wird vor bestimmten Gruppen gewarnt. U.a. warnt der Prophet von einer Gruppe, die den Koran und die Aussprüche viel lesen, sie aber nicht verstehen. Wenn man seine eigenen Gottesdienste mit denen dieser Gruppe vergleichen würde, würde man "beeindruckt" werden. Sie würden also von außen betrachtet sehr religiös wirken. Trotzdessen würden diese aus dem Islam austreten. Als Merkmal dieser Gruppe sagte der Prophet, dass sie ihren Anhängern eine Glatze schneiden lässt, auch den Frauen. Diese Überlieferungen passen zu den Charidschiten und Muhammad Ibn Abd al-Wahhab, die den Grundstein des heutigen religiösen Extremismus legten.

Und in der Tat findet man in diesem Zusammenhang auch zwei Aussprüche, die bemerkenswert auf die Terrororganisation IS zutreffen (Şahinöz, 2014).

Der erste Ausspruch wird überliefert von Ali, dem Schwiegersohn des Propheten Muhammed. Demnach sagte der Prophet: „Wenn ihr die schwarzen Flaggen seht, bleibt da wo ihr seid, bewegt eure Hände und Füße nicht. Es wird eine unbekannte schwache Gruppe erscheinen, ihre Herzen werden hart wie Eisenstücke sein. Sie werden als Staat auftreten. Sie werden mit niemandem Kompromisse eingehen/niemandem zuhören. Sie werden (scheinbar) zur Wahrheit rufen, aber nicht von den Leuten (der Wahrheit) sein. Ihre Namen werden anonym sein, ihre Abstammung wird unbekannt sein. Ihre Haare werden wie Frauenhaarare herabhängen. Sie werden untereinander einen Streit haben. Dann wird, Allah einer Seite (in ihrem Streit) rechtgeben" (Al-Haddad, 1991, Hadith Nr. 558).

Die Übereinstimmung dieses Ausspruchs mit dem IS ist überwältigend. IS ist in der Tat sowohl für Muslime als auch für Nichtmuslime eine unbekannte Gruppe gewesen. Für die überwältigende Mehrheit kam sie aus dem "Nichts". Sie treten mit schwarzen Flaggen auf und bezeichnen sich als Staat. Ihre Herzen sind kalt und sie verhandeln mit niemandem. Sie sind nicht im Geringsten mit dem Islam vereinbar, rufen jedoch zum Islam auf. Ihre Namen kennt niemand. Sie tragen nur Spitznamen. Ihr Anführer Abu Bakr Al-Baghdadi z.B. heißt in Wirklichkeit Ibrahim Avad Ibrahim Ali Bedri. Auch ihre Abstammung ist unbekannt. Abu Bakr Al-Baghdadi kommt nicht aus Bagdad, wie sein Name vermuten lässt, sondern aus Samara.

Ein zweiter Ausspruch wird von Abu Huraira überliefert. Der Prophet Muhammed sagte: „Nach mir gibt es 4 große

Fitnas (Spaltungen). In der ersten Fitna wird das Blut der Muslime als erlaubt angesehen. In der zweiten Fitna wird sowohl ihr Blut als auch ihr Hab und Gut als erlaubt angesehen werden. In der dritten Fitna wird das Blut, Hab und Gut, und ihre Geschlechtsorgane als erlaubt angesehen werden. In der vierten Fitna werden Taube, Blinde, Verborgene wie eine Flutwelle, die Welt überrollen. Niemand wird sich verstecken können. Dies wird in Sham (Syrien) beginnen, sich über den kompletten Irak verbreiten, auf die arabische Halbinsel vorstoßen mit ihren Händen und Füßen. So wie die Gerber das Leder gerben, wird die ganze Ummah (muslimische Gemeinschaft) von ihrem Schlag/ihrer Welle erwischt werden. Niemand kann dazu ′Es reicht, es reicht′ sagen. Sie wird auf einer Seite verharren und dann plötzlich wieder wo anders ausbrechen" (Al-Haddad, 1991, Hadith Nr. 89).

In dieser Überlieferung wird die Brutalität dieser Gewalttäter deutlich. Zudem gibt der Prophet an, dass sich diese Gruppe in Syrien formen und nach Irak ausweiten wird. Sie werden bis nach Saudi-Arabien vorstoßen und die ganze muslimische Gemeinschaft wird an ihnen Leiden.

Dass der Prophet diese Überlieferungen machte, zeigt deutlich, welch eine Gefahr von diesen und ähnlichen Gruppen ausgeht. Diese Gefahr betrifft sowohl Muslime als auch Nichtmuslime. Die Botschaft des Propheten ist klar: Muslime sollen sich nicht diesen Gruppen anschließen und sich von diesen nicht irritieren lassen. Wie in der ersten Überlieferung schon gesagt, treten sie nur scheinbar im Namen des Islams auf.

In der ersten Überlieferung wird auch das Ende der IS beschrieben: „Sie werden untereinander einen Streit haben." Das heißt, es ist davon auszugehen, dass sie sich spalten und wohlmöglich selbst bekriegen werden. Dies wird zu ihrem Ende führen.

Zum Abschluss zwei weitere Aussprüche des Propheten: „Wer zu Fanatismus aufruft und für ihn kämpft und stirbt, der ist nicht von uns." (Sunan Abu Dawud, Nr. 5121) und „Wer in seinem Herz in der Größe eines Senfkorns Fanatismus hegt, den wird Gott am Jüngsten Tag zusammen mit den Wüstenbewohnern der (vorislamischen) Zeit der Ignoranz auferstehen lassen." (Usul-e Kafi, Bd. 2, S. 308, Bab-e Al Asybah).

4.3 Psychologie des Terrors und der Selbstmordanschläge

Im modernen Zeitalter haben wir es vermehrt mit asymmetrischen Kriegen zu tun (Şahinöz, 04.09.2015, 24.07.2015). Es sieht so aus, als würde A gegen B kämpfen. Doch im Hintergrund kämpfen ganz andere. Diese Erkenntnis trifft auch auf viele Terrororganisationen zu.

Die wichtigste Waffe des psychologischen Krieges ist die Propaganda. Und diese wird geleistet von Terrororganisationen. Durch Anschläge versuchen Terroristen Angst zu schüren und die Gesellschaft zu spalten. Es soll zu keinem Frieden zwischen den Völkern kommen. Vielmehr sollen sich die verschiedenen Religionen und Ethnien bekriegen. Sie wollen also keinen "Friendship of the Civilizations", sondern einen "Clash of the Civilizations". Dass ist das Ziel eines Terroranschlages. Bei jedem Anschlag werden extreme Stimmen aus allen Lagern laut, so dass sie sich bestätigt fühlen.

Im 21. Jahrhundert haben sich Selbstmordanschläge als die erschreckendsten Methoden der Terroristen herausgestellt (Şahinöz, 16.09.2015). Mit Selbstmordanschlägen wird eine große Unsicherheit unter der Bevölkerung ausgelöst. Die Anzahl der Toten sind für Terrororganisationen bei einem Selbstmordanschlag nebensächlich. Wenn Angst, Unsicherheit und Misstrauen ausgelöst wurden, haben sie ihr Ziel erreicht.

Angst durch Selbstmordanschläge entsteht in der Bevölkerung weil, 1. man nicht mehr sicher ist, wo wann was passiert und 2. im Unterbewusstsein die Frage entsteht, wie jemand sein Leben für eine Ideologie opfern kann.

An dieser Stelle versuchen wir einmal die Psychologie eines Selbstmordattentäters zu skizzieren. Dutzende Studien gibt es hierzu. Wenn wir uns das Mittel aller dieser Studien anschauen, ergibt sich, dass viele (nicht alle) Selbstmordattentäter substanzabhängig (meistens illegale Drogen), depressiv, neurotisch, psychisch labil und (auch wenn nur etwas) schizophren sind. Zudem sind viele von ihnen arbeitslos, asozial, unverheiratet und zwischen 17 und 25 Jahre alt.

Trotzdessen wäre es falsch, alle Selbstmordattentäter als psychisch krank einzustufen. Denn die oben genannten Faktoren sind vielmehr Katalysatoren. Sie sind also Faktoren, die schneller dazu führen, dass jemand ein Attentäter wird.

Der wichtigste Faktor ist jedoch die ideologische Besessenheit. Wenn sich im Umfeld einer Person, der sich ungerecht behandelt und ständig diskriminiert fühlt, eine Gruppe befindet, die eine terroristische Ideologie befürwortet und auf die Bedürfnisse des potenziellen Gefährdeten eingeht, ihn wertschätzt, ihm Lösungen für seine alltäglichen Probleme liefert, ihm Gerechtigkeit auf Erden und eine Zugehörigkeit verspricht, ist die Wahrscheinlichkeit hoch, dass dieser sich ihnen anschließt und auch in Kauf nimmt, als

Selbstmordattentäter aufzutreten, um sich als Gegenleistung zu "beweisen". Als Selbstmordattentäter glaubt er dann, ein Held zu werden. So glaubt er Anerkennung und Wertschätzung zu erhalten, die ihm vermeintlich immer verwehrt wurde. Gleichzeitig versucht der Täter so denjenigen, die ihn "unterschätzten", eine Message zu geben, „Hier seht, ich habe es geschafft" – selbst wenn er am Ende stirbt und nicht mehr von diesem Gefühl profitieren kann. Je größer die negative Selbstwahrnehmung einer Person, dass er ständig ausgeschlossen wird, geknüpft mit Misserfolgen in Familie, Freundeskreis, Bildung und Arbeit, desto höher ist die Wahrscheinlichkeit sich bereit zu erklären, ein Selbstmordattentat auszuführen.

Terrororganisationen kennen diese psychischen Elemente und nutzen sie gekonnt um Personen für Selbstmordattentate zu ködern. Um zukünftige Attentäter zu finden, werden von den Selbstmordattentätern kurz vor der Tat Videos gedreht. Nach "erfolgreichem" Einsatz werden diese Videos verbreitet und der Tote als Held gefeiert. So lassen sich andere neue Personen für ähnliche Taten motivieren.

Dementsprechend sind Selbstmordattentate auch nicht wirklich religiös motiviert. Im Vordergrund stehen die gerade beschriebenen psychologischen Elemente und Bedürfnisse. Sie nur auf die Rolle der Religion zu reduzieren führt dazu, dass man dieses Phänomen nicht versteht. Die Rolle der Religion ist hier nur, dass sie missbraucht wird.

Ein weiterer falscher Glaube ist, dass die meisten Selbstmordattentate von Muslimen verübt werden. Die Terrororganisation, die die meisten Selbstmordattentate verübt ist die Liberation Tigers of Tamil Eelam (İyiat, 2013, S. 169ff), welche nicht Muslime sind. Die 1976 in Sri Lanka gegründete und für einen unabhänhigegen Staat kämpfende Gruppe, rief 1983 zu einem bewaffneten Kampf aus. Daraufhin gab es bis Mai 2009 einen Bürgerkrief in Sri Lanka. Die Liberation Tigers of Tamil Eelam, welches als Terrororganisation von Indien, USA und der EU anerkannt ist, ist der Erfinder der Selbstmordwesten. 50% der Selbstmordattentate gehen auf das Konto dieser Organisation.

4.4 Sind die Imame an der Gewalttätigkeit der Jugendlichen verantwortlich?

Laut einer Studie aus dem Jahre 2010 sind "religiöse" Muslime gewalttätiger und haben weniger deutsche Freunde als Menschen, die weniger "religiös" sind (Şahinöz, 07.06.2010). Die Schuldigen für diese Gewalttätigkeiten wurden damals vom Auftraggeber der Studie sofort gefunden: Die Imame in Deutschland.

Diese Schlussfolgerung, was jenseits jeder soziologischen Erklärung ist, ist wie folgender bekannter Analogieschluss: In einem Dorf, in dem es viele Störche gibt, gibt es mehr Neugeborene, als in Dörfern mit weniger Störche. Also bringen die Störche die Kinder!

Zunächst einmal widmen wir uns dem Begriff "religiös". Dieser Begriff ist eins der am schwierigsten zu erfassenden Begriffe in der Wissenschaft. Es ist nicht wirklich möglich, Menschen in Kategorien wie "religiös", "weniger religiös" etc. zu unterteilen. Dies ist schlicht und einfach nicht möglich. Denn es gibt keine einheitlichen Maßstäbe dafür. Wann ist jemand religiös? Wann ist jemand nicht religiös? Man kann dies an keinem Merkmal festhalten. Wenn Merkmale oder Skalen in Studien vorgegeben werden, sind dies ebenfalls subjektive Vorstellungen der Forscher und unterscheiden sich daher von Studie zu Studie. Deswegen wird in wissenschaftlichen Studie diese Ausprägung öfters mit folgender o.ä. Frage ermittelt: „Wie religiös schätzen Sie sich ein?"

Es ist also eine Selbsteinschätzung. Wie sich jedes Individuum selbst einschätzt, darum geht es hier. Nur dies kann erfasst werden. Auch in dieser Studie wurde dies so gehandhabt. Deshalb muss die Aussage, wenn schon lauten: „Diejenigen, die gewalttätig sind, schätzen sich als religiös ein." Nicht mehr und nicht weniger. Sie selbst schätzen sich so ein. Dass man sich selbst so einschätzt, heißt nicht, dass man auch wirklich so ist. Manch einer mag sich sicherlich auch als Superheld einschätzen, die Realität wird aber anders aussehen. Deshalb gibt es u.a. den Begriff "Größenwahnsinnig".

Daher ist die Aussage oder das Ergebnis „je religiöser, desto gewaltbereiter" eine eindeutige Fehlinterpretation der Ergebnisse. So haben sogar die Mitarbeiter an dieser Studie später erklärt, dass sie mit der Ergebnisinterpretation des Auftraggebers der Studie nicht einverstanden sind.

Auch ist es falsch zu sagen, „Unter denen, die sich als religiös empfinden, ist Gewalt verbreiteter als unter denen, die sich nicht als religiös empfinden." Auch dieses Ergebnis ist falsch. Denn hierfür müsste man als Ausgangslage Menschen nehmen, die sich als religiös und nicht-religiös einschätzen, da man diese miteinander vergleicht. Dies ist hier eindeutig nicht der Fall. Im Zentrum dieser Studie stehen Menschen, die gewalttätig sind. Das ist die Ausgangslage.

Andernfalls müsste man in der Studie auch diejenigen befragen, die sich als religiös und nicht-religiös einstufen aber nicht gewalttätig sind. Dann hätte man ein Vergleichsmuster, eine Vergleichsgruppe.

Wenn man die Menschen, die sich als religiös einstufen und die nicht gewalttätig sind, befragen würde, ob sie die Menschen, die sich als religiös sehen und gewalttätig sind, als religiös bezeichnen, würde man mit sehr großer Wahrscheinlichkeit zu hören bekommen, dass man diese gewaltbereiten Jugendlichen nicht als religiös einstuft. Dann hätte man ein noch größeres Problem. Wissenschaftlich ist demnach das jetzige Ergebnis ebenfalls nicht richtig.

Vielleicht sollte man fragen, was die gewaltbereiten Jugendlichen unter dem Wort "religiös" verstehen?

Widmen wir uns nun den angeblichen Hauptverdächtigten: den Imamen.

Hierzu aus der Studie: „Imame sollen nur in Deutschland arbeiten dürfen, wenn sie die deutsche Sprache beherrschen, Kenntnisse der deutschen Kultur haben und die im Grundgesetz verankerte Gleichberechtigung von Mann und Frau akzeptieren. Andernfalls muss ihnen die Einreise ins Land verweigert werden. Die muslimischen Gemeinden stehen in der Pflicht. Sie müssen selbst ein Interesse daran haben, Imame zu bekommen, die in Deutschland verankert sind."

Zunächst einmal, ja, Imame sollten deutsch sprechen, Kenntnisse der deutschen Kultur haben, Grundsetz und Geleichberechtigung beachten. Darüber braucht man nicht zu diskutieren. Ganz im Gegenteil, dies ist eine

Notwendigkeit. Die Moscheen selbst möchten keine Imame, die diese Kriterien nicht erfüllen. Aber vor allem die fehlenden Sprachkenntnisse als Ursache für die Gewalttätigkeit von muslimischen Jugendlichen zu sehen, ist ein fataler Fehler. Wegen dieser Fehlinterpretation kann das eigentliche Problem nicht gelöst werden, weil die Wurzel des Problems nicht hier liegt.

Selbstverständlich sollten als Ansprechpartner für muslimische Jugendliche, die in Deutschland geboren sind, hier aufgewachsen sind, hier zur Schule gegangen sind, Imame fungieren, die ebenfalls hier geboren und sozialisiert sind und die daher das Alltagsleben der Jugendlichen kennen. Um aber diese Imame in Deutschland auszubilden und in den knapp 3000 Moscheen in Deutschland einzusetzen braucht man realistisch gesehen viel Zeit, Geduld und Geld.

Trotzdessen sind es immer noch die Imame in den Moscheen, die Radikalisierungen entgegenwirken und gewalttätige Jugendliche davon abbringen. Viele Studien zeigen, dass radikale, extremistische oder gewalttätige Jugendliche eben nicht in eine Moscheegemeinde eingebunden sind, ja sogar diese bewusst meiden.

Das Problem der Gewalttätigkeit liegt also woanders: Das Gefühl nicht zur Gesellschaft dazuzugehören. Ich betone: Gefühl. Es geht nicht darum, ob sie tatsächlich ausgegrenzt werden oder nicht. Es geht darum, dass sie es so fühlen.

Und es ist ein höchst menschliches Gefühl – also weder christlich, muslimisch oder sonst religiös oder ideologisch – dass sich Menschen überall auf der Welt, wenn sie sich ausgegrenzt fühlen, sich in einem nächsten Schritt selbst ausgrenzen und abkapseln. Oftmals greifen sie dann eben zu der einzigen vermeintlichen Alternative: Gewalt.

Daher sollte man hier an der Wurzel des Problems arbeiten. Dass man also diesen Jugendlichen, die sich ausgegrenzt fühlen, eben nicht dieses Gefühl gibt und sie als Teile dieser Gesellschaft fühlen lässt. Dass sie sehen, dass nicht Gewalt eine Alternative ist, sondern dass es andere Alternativen gibt.

Am Aufzeigen dieser Alternativen, darin liegt unsere Aufgabe.

4.5 Umgang der Muslime mit Nichtmuslimen

Der Umgang der Muslime mit Nichtmuslimen spielt in der Wahrnehmung des Islams eine wichtige Rolle. Vom Verhalten der Muslime im Alltag wird – berechtigt oder unberechtigt – auf den Islam zurückgeführt. Egal ob eine Handlung aus religiösen Gründen erfolgt oder nicht, ob die handelnde Person religiös ist oder nicht, wird die Person als "Repräsentant" des Islams angesehen und damit Rückschlüsse auf den Islam geschlossen. Dies gilt übrigens nicht nur bei der Betrachtung von Muslimen, sondern ist allgemeingültig.

Umso wichtiger ist es zu schauen, wie sich Muslime in nichtmuslimischen Gesellschaften zur Zeit des Propheten Muhammed verhalten haben. Salafisten schauen vermeintlich zu den ersten drei Generationen der Muslime. Schauen wir uns an, wie diese tatsächlich gehandelt haben.

Fakt ist, die Muslime haben sich den Gesetzeslagen der jeweiligen Länder angepasst, die Grundrechte geachtet und eingehalten, in diesem Sinne sich integriert. Sich nicht an diese Regeln zu halten oder gar dem Menschen und dem Land, in dem man lebt, Schaden zuzufügen, wurde theologisch als verboten eingestuft. Vor allem wenn es Religions-, Wirtschafts- und Bildungsfreiheit in einem Land gab und man durch Zahlung von Steuern zu einem Teil dieses Landes gehörte, haben sich die Muslime auch im Kriegsfall für dieses Land eingesetzt.

Betrachten wir hier zu drei Modelle:
1. Mekka
2. Medina
3. Äthiopien

Mekka Modell

In Mekka waren die Muslime zur Zeit des Propheten Muhammed eine Minderheit. Sie waren in der Opposition und wurden verfolgt. Ihre Beziehung zu Nichtmuslimen war als eine Minderheit. Trotz Verfolgungen und Folter übten die Muslime keine Racheakte.

Medina Modell

In Medina waren die Muslime nach der Auswanderung aus Mekka im Jahre 622 eine Mehrheit. Ihre Beziehung zu Nichtmuslimen war diesmal als Mehrheit. Auch in dieser Konstellation übten die Muslime keinen Druck auf die Nichtmuslime auf, sondern schlossen verschiedene Verträge untereinander ab, um das gesellschaftliche Leben miteinander gestalten zu können.

Äthiopien Modell

Einige Muslime wanderten nach Äthiopien aus. Sie waren also "Migranten". In Äthiopien waren sie eine Minderheit. Ihre Beziehung zu Nichtmuslimen war als Migranten. Die muslimischen Migranten integrierten sich an die Gesetze des Landes und konnten ihre Religion leben.

5.0 Was ist zu tun? – Lösungswege

Salafismus (wie übrigens auch Rechtradikalismus) ist eine gesamtgesellschaftliche Herausforderung. Jeder muss seinen eigenen Anteil daran leisten, damit es nicht zur Radikalisierung kommt.

An erster Stelle ist wichtig, dass eine breite Aufklärung und Vernetzung stattfindet. Es sollte eine Kooperation zwischen Muslimen und Regeldiensten stattfinden.

Es müssen Angebote geschaffen werden, damit Radikalisierungstendenzen früh erkannt werden. Das kann nur gelingen, wenn man hierfür sensibilisiert wird und gewisse Handlungskompetenzen vermittelt werden.

Dabei hat vieles mit Präventionsarbeit zu tun. Vorträge und Seminare (sowohl in Moscheen als auch in anderen Einrichtungen) können zum Thema sensibilisieren.

Darüber hinaus müssen die gefährdeten Personen oder auch Aussteiger weiterhin im Leben begleitet werden und dadurch ein Monitoring stattfinden.

Muslime müssen sich nicht für jeden Terroranschlag, Extremismus oder Radikalismus rechtfertigen. Terrorgruppen sind keine Teile des Islams und mit Extremisten gibt es keine Nähe (Distanz). Ohnehin folgt zu fast jeder Aktion eine klare Distanzierung und Verurteilung. Trotzdessen muss in ihren eigenen Reihen verstärkt Aufklärungs- und Präventionsarbeit geleistet werden, damit es erst gar nicht zum Extremismus kommt.

Radikalisierungen finden nicht in den Moscheevereinen statt. Das zeigen sie Studien: Junge Menschen, die sich gewaltbereiten radikal-islamischen Gruppen anschließen, wissen oft sehr wenig vom Islam. [...] Die Mitglieder der Gruppe hätten so gut wie keine Bindung an Moscheegemeinden oder traditionelle Formen des Glaubens gehabt, fanden die Forscher heraus. Die Mehrheit der Muslime, die nicht ihren radikalen Ansichten folge, betrachteten sie als Feinde. [...] Da die Jugendlichen nicht mit den Moscheegemeinden verbunden (sind)" (N-TV, 10.07.2017). Im Fall Anis Amri, der einen Anschlag auf den Berliner Weihnachtsmarkt 2016 verübte, wurde bekannt, dass Amri trotz Terrorverdacht nicht mehr überwacht wurde, da er nicht mehr zur Moschee ging, im Ramadan nicht fastete und regelmäßig Alkohol trank und Drogen nahm. Er wurde quasi Terroristen zum Kleinkriminellen runter gestuft. Der Berliner Innensenator dazu: „Er war ein Drogendealer. Er hat selber Drogen genommen. Er hat Alkohol getrunken. Er hat den Ramadan nicht eingehalten. Die Schlussfolgerung, die man daraus gezogen hat, war, dass aller Voraussicht nach, die Gefahr eines islamistischen Terroranschlags bei Amri geringer eingeschätzt wurde. Mit heutigem Wissen war das eine Fehleinschätzung" (RBB, 2017).

Radikale kommen nicht aus Familien, die in den Moscheevereinen organisiert sind. Die Familien in den Vereinen und ihre Kinder haben einen stabilen Stand in der Religion. Daher müssen Projekte entwickelt werden, damit die Imame in den Moscheen auch andere Personen erreichen. Die theologische Funktion der Imame muss hier aktiviert werden. Die Angebote in deutscher Sprache müssen erweitert und die Lebenswelt der jungen Muslime beachtet werden, um auf Bedürfnisse eingehen zu können.

Die muslimische Community in Deutschland muss ihre Jugendarbeit verstärken (Şahinöz, 27.11.2015). Sie sollte vielmehr als bisher auf die Bedürfnisse der Jugendlichen zugespitzt sein. Damit meine ich jedoch nicht die Jugendlichen, die sowieso schon in den Moscheen sind. Extremisten radikalisieren sich nicht in der Moschee vor Ort. Radikalisierung findet meistens vor dem Bildschirm durch Google-Imame und YouTube-Pseudo-Imame statt. Jugendliche, die wenig bis gar kein Bezug zum Islam haben landen schnell im Netz der Radikalen. Daher müssen Konzepte her, die diese Jugendlichen erreichen. Man erreicht diese Jugendlichen z.B. nicht, in dem man salopp formuliert „Wir sind gegen die Koranverteilungen der Salafisten." Diese Argumentation wird, wie schon erklärt, von Salafisten im Umkehrschluss genutzt und gesagt, „Seht ihr, das sind keine Muslime, die sind gegen den Koran." Dics führt dazu, dass sich anfällige Jugendliche noch mehr distanzieren. Anstatt also oberflächlich zu sagen, dass man dagegen ist, sollte man argumentieren, warum man dagegen ist, und dass es nicht um die Verteilung des Korans geht, sondern um die Verbreitung einer Ideologie, die im Gegensatz zum Islam und Koran steht.

Worum es den Jugendlichen geht, wurde in den vorangegangenen Kapiteln schon erläutert: Faktoren zur Radikalisierung – egal ob rechts, links oder religiös, die Rattenfangmethoden sind gleich, nur die Begriffe ändern sich - von Jugendlichen sind soziologischer und psychologischer Natur und haben oft mit einer Konfliktbiographie zu tun: Suche nach Sinn, Anerkennung, Geborgenheit, Vertrauen, Fürsorge, Sicherheit, Liebe, Wir-Gefühl, Klarheit, Einfachheit, Reduzierung der Komplexität, Gerechtigkeit und gefestigter Identität sind entscheidende Gründe, warum sich Jugendliche radikalisieren. Vor allem der Gerechtigkeitssinn und die Identitätssuche sind einflussreiche Faktoren. Daher muss den anfälligen Jugendlichen ein positiver Zugang zur Gesellschaft und Partizipation in allen gesellschaftlichen Bereichen möglich gemacht werden. Es muss die Möglichkeit zur Mitgestaltung gegeben und gesellschaftliche Themen thematisiert werden.

Die muslimische Community muss diesen Jugendlichen zentrale Werte des Islams vermitteln und so eine stabile Identität schaffen. An dieser Stelle wird auch die Bedeutung und Notwendigkeit eines Islamischen Religionsunterrichts in der Schule noch einmal deutlich. Nur diejenigen können tolerant zu anderen sein, die ihre religiöse Identität unzweifelhaft gewonnen haben und somit einen stabilen Rückhalt im Eigenen besitzen. Intoleranz und Gewalt übt oft derjenige aus, der eigene Zweifel nicht überwinden konnte und sie so fanatisch unterdrücken muss! (Alkonavi, 1994, S. 20).

Da klar wurde, dass vorher eher religiös ungebildete sich radikalisieren (Şahinöz, 04.01.2017), muss eine Möglichkeit des Erlernens der Religion stattfinden. Jugendliche, die vorher keinen oder wenig Bezug zum Islam oder zur Moschee haben, können auf Grund des fehlenden Wissens über den Islam schnell im Netz der Salafisten landen. Die Szene macht offensiv Werbung für sich und erreicht dadurch gerade solche Jugendliche. Der Islamische Religionsunterricht in der Schule würde einen großen Teil dieser möglichen anfälligen vom Radikalismus abbringen. Denn fundierte religiöse Kenntnisse schützen eher vor Radikalisierung. Der Islamgelehrte Said Nursi hierzu „Die Wissenschaft von der Religion ist das Licht des Gewissens. Die Naturwissenschaft spiegelt das Licht der Vernunft wider. Die Wahrheit wird offenbar durch die Vereinigung der Beiden. Wenn sie getrennt sind, kommt es zu Fanatismus in der Religion. Und es entstehen Argwohn und Zweifel in der Wissenschaft." (Nursi, 1999, S. 80).

Es ist normal, dass man im Jugendalter nach Sinn und Bedeutung des Lebens sucht, nach einer eigenen Identität. Wer bin ich? Woher komme ich? Wohin gehe ich? Das sind Fragen, die sich jeder stellt. Und in dieser Identitätsfindungsphase, in der Suche nach Antworten, ist es wichtig, womit man sich identifiziert. Dies ist ein Prozess. Und der findet erst einmal primär in der Familie statt. Dass heißt, Familien können Radikalisierungsprozesse am ehesten erkennen. Ein wichtiges Merkmal ist z.B., dass die Religiosität der Eltern abwertend hinterfragt werden. Daher sind Beratungsangebote für Eltern sinnvoll. Eltern müssen dafür sensibilisiert werden, damit sie frühzeitig erkennen, wohin diese Suche die Jugendlichen hinführt. Dass heißt, Elternkompetenzen stärken und vor allem Kommunikation, Vertrauen, Geborgenheitsgefühle mit dem eigenen Kind stärken. Wenn dies gegeben ist, werden sich die Kinder immer erst an die Eltern. Wenn diese fehlen, sucht man diese wo anders. Auch später, die Entradikalisierung findet bei der Familie statt.

Was wenig Erfolg hat, sind theologische Diskussionen. Man sollte keine theologischen Debatten mit Salafisten führen. Wie aus den Studien hervorgeht, geht es in erster Linie nicht um religiöse oder theologische Bedürfnisse, warum sich jemand dem Salafismus anschließt, sondern es geht um andere sozio-psychologischen Bedürfnisse. Daher ist der Salafismus auch eine Jugendkultur. Auf diese Bedürfnisse muss man eingehen, wenn man jemanden von diesem Wege abbringen möchte. Es müssen andere attraktive Optionen geschaffen werden, um Bedürfnisse zu stillen.

Öffentlichkeitsarbeit ist ebenfalls ein wichtiges Stichwort bei der Bekämpfung von Radikalismus. Gleichzeitig sollte jedoch den radikalen Gruppierungen keine mediale Aufmerksamkeit gegeben werden, denn genau das ist ihr Ziel. Je öfters sie ihr Ziel erreichen, desto mehr schließen sich diesen Gruppierungen an und versuchen ebenfalls durch ähnliche Aktivitäten ins Rampenlicht zu gelangen.

In diesem Sinne ist auch das Internet wichtig. Es hat einen großen Einfluss auf die Verbreitung der Ideologie und ist daher ein wichtiges Hilfsmittel. Da müssen attraktivere Angebote geschaffen werden, damit man erst gar nicht auf die Seiten der Radikalen kommt. Die meisten, die auf solchen Seiten sind, versuchen bestimmte Bedürfnisse zu stillen. Und man muss es schaffen, diese Bedürfnisse anzusprechen und dieses Feld nicht den Radikalen überlassen.

Gleichzeitig muss es Ausstiegsprogramme für schon Radikalisierte geben. Diese müssen ausgebaut und erweitert werden, um die Zielgruppe zu erreichen.

Niedrigschwellige Programme, wie es sie schon in einigen Bundesländern gibt, können ebenfalls zu all diesen genannten Faktoren Leistungen anbieten.

Gegen Terrororganisationen wie IS muss entschlossen agiert werden. Hierbei gibt es verschiedene Baustellen die dementsprechend bearbeitet werden müssen: 1. Das Machtvakuum in diesen Ländern, fehlende Ordnung und Strukturen müssen beseitigt werden 2. Die Radikalisierung von Jugendlichen, die sich der Terrororganisation anschließen, müssen verhindert werden. 3. Die wirtschaftliche Ader des IS muss zerschnitten werden. Der IS finanziert sich durch Ölverkauf, Schutzgeldern, Steuern und Antiquitätenverkauf.

Es ist absolut wichtig, dass die Flüchtlings- und Integrationspolitik positiv vorangebracht wird. Hier herrscht in der Mehrheit die Angst, dass die Stimmung umkippen kann. Radikale (sowohl Rechtsradikale als auch Salafisten) profitieren davon, wenn genau diese Politik scheitert. Sie führen so zu einer Spaltung der Gesellschaft. Das darf auf gar keinen Fall geschehen. Daher muss signalisiert werden, dass in den Flüchtlingswellen – die sicherlich eine große Herausforderung sind - große Chancen und Nutzen für die Gesamtgesellschaft bestehen. Unsere offene Gesellschaft kann mit einer angemessenen Willkommenskultur diese Herausforderungen meistern.

Wie deutlich wurde, muss ganz klar eine differenzierte Islam- und Integrationsdebatte stattfinden. Demütigung der Muslime oder Bloßstellung des Islams ist ein wesentlicher Faktor für Radikalisierungen und grenzt weiter aus. Letztendlich führen Blasphemie, Demütigungen und Bloßstellungen zu Wut und Ausschreitungen. Diese Bloßstellung gibt den radikalen Gruppen nur weitere Ködermittel. Die öffentliche Debatte darf nicht zu einem Generalverdacht führen, wodurch evtl. muslimische Schüler gemobbt werden. Daher muss auf Kooperation statt Verdacht gesetzt werden. Der Islam ist, wie schon erwähnt, nicht Teil des Problems, sondern der Lösung.

In seinem Buch "Feindbild Islam" stellt Jürgen Todenhöfer (2011) Zehn Thesen gegen den Hass auf und zeigt, warum der Umgang mit dem Islam sich verändern muss. Dabei schreibt Todenhöfer von der ungerechten Behandlung der Muslime und des Islams. Daher fordert er hier einen grundlegenden Paradigmenwechsel ein. Seine Thesen lauten:
1. Der Westen ist viel gewalttätiger als die muslimische Welt. Millionen arabische Zivilisten wurden seit Beginn der Kolonialisierung getötet.
2. Nichts fördert den Terrorismus mehr als die „Antiterrorkriege" des Westens. Sie sind ein Terrorzuchtprogramm.
3. Terrorismus ist kein typisch muslimisches, sondern ein weltweites Problem.
4. Islamisch getarnte Terroristen sind Mörder. Christlich getarnte Anführer völkerrechtswidriger Angriffskriege auch.

5. Muslime waren und sind mindestens so tolerant wie Juden und Christen. Sie haben die westliche Kultur entscheidend mitgeprägt.

6. Nicht nur in der Bibel, auch im Koran sind die Liebe zu Gott und Nächstenliebe die zentralen Gebote.

7. Die westliche Politik gegenüber der muslimischen Welt leidet unter einer erschreckenden Ignoranz einfachster Fakten.

8. Der Westen muss die muslimische Welt genauso fair und großzügig behandeln, wie er Israel behandelt. Muslime sind genauso viel wert wie Juden und Christen.

9. Die Muslime müssen sich wie ihr Prophet Mohammed für einen Islam des Fortschritts und der Toleranz einsetzen. Sie müssen dem „muslimischen Terrorismus" die religiöse Maske vom Gesicht reißen.

10. Das Gebot der Stunde heißt Staatskunst, nicht Kriegskunst – In Afghanistan, in Pakistan, im Irak, im Iran und in Palästina.

Auch sollte keine unnötige Panikmache (vgl. Bahners, 2011) oder Angst in der Gesellschaft verbreitet werden, womit Radikale zufrieden gestellt werden. Denn Angst ist ein großer Faktor, womit Radikale arbeiten. Genau dies wollen sie mit ihren Aktionen erreichen. Sie sollen genau dieses Ziel aber nicht erreichen.

Desweiteren sollten Religionen, egal welche, nicht als Feindbilder aufgezeigt werden. Religion ist nicht der Auslöser für Hass und Krieg. Überall auf der Welt, wo es Kriege gibt, sei angeblich die Religion das Hauptmotiv. Sogar der durch und durch politische Krieg in Palästina-Israel wird religiös argumentiert, wo doch theologisch gesehen das Judentum und der Islam die geringsten

Probleme miteinander haben. Als würde das nicht reihen, werden auch mancherorts die Weltkriege in der Vergangenheit "umargumentiert", als seien sie religiös motiviert gewesen. Wenn es eben nicht der "Muslimische Terrorist" war, ist es eben der "Christliche Terrorist"!? Dieser Eindruck wird zwischen den Zeilen erweckt. Ziel ist immer gleich: Die Religionen sollen als Quelle für Krieg und Terror wahrgenommen werden! Doch kein Terrorakt, Hass oder Krieg darf und kann religiös begründet werden oder auf die Religion verschoben werden. Gläubige Menschen, die alle an einen Schöpfer glauben, und davon ausgehen, dass sie für ihre Taten Rechenschaft ablegen werden, sollten sich in der Tat Gedanken über diese Entwicklung machen.

André Maulraux schrieb einmal, dass das 21. Jhr. entweder das Jahrhundert der Spiritualität sein wird oder es dieses Jhr. erst gar nicht geben wird. Unsere Gegenwart sollte also kein Schauplatz für religiöse Kriege oder Kriege gegen die Religion sein. Es sind gerade die religiösen und gläubigen Menschen, die sich Verantwortlich gegenüber ihrem Schöpfer und ihrer Umwelt fühlen, die dieser Entwicklung gegenwirken müssen. Durch diese Entwicklung wird indirekt der Eindruck erweckt, als würde der Glaube an einen Schöpfer zu Kriegen und Kämpfen führen. Dabei wurde gezielt der Islam schon zu lange mit Terror assoziiert. Hier müssen alle gewissenhaften Menschen aufschreien und dieser schrecklichen Entwicklung Einheit bieten.

6.0 Ein Appell an die Vernunft und gegen jeglichen Extremismus anstelle eines Fazits

Folgende Geschichte erzählte der verstorbene, ehemalige Integrationsbeauftragte von Nordrhein-Westfalen, Dr. Klaus Lefringhausen, gerne auf Veranstaltungen: Eine türkische Familie zog in eine neue Wohnung ein, in direkter Nachbarschaft zu einer deutschen Familie. Die türkische Familie backte einen Kuchen und wartete darauf, dass die Nachbarn sie besuchen und sie willkommen heißen. So kannten sie es aus ihrer eigenen Tradition. Die deutsche Familie backte ebenfalls einen Kuchen, denn es ist bei ihnen üblich, dass die neuen Nachbarn vorbeikommen und sich vorstellen. Beide Familien blieben mit ihrem Kuchen allein.

Doch leider blieben sie nicht nur mit ihrem Kuchen alleine, sondern öfters auch mit ihren Vorurteilen. Denn es sind solche kleinen Missverständnisse und das Unbekannte, die zu Verwirrungen und Vorurteilen führen. Beide Familien aus unserer Geschichte könnten nun solche Vorurteile entwickeln. Die türkische Familie könnte die deutsche Familie mit Diskriminierung und Ausgrenzung beschuldigen. Die deutsche Familie könnte davon ausgehen, dass die türkische Familie sich ausgrenzt und eine Parallelgesellschaft mit in der Nachbarschaft formt. Hätten sie aber beide die Information, wie sich alte und neue Nachbarn in der jeweiligen Kultur verhalten, käme es nicht zu diesen Vorurteilen.

Unkenntnis führt also zu Unsicherheit, dies zu Distanz und letztendlich zu Angst. Daher ist es von großer Bedeutung, das Unbekannte zum Bekannten zu machen. Nur so kann ein friedliches Miteinander gewährleistet werden. Nur so kann Integration funktionieren. Integration ist aber kein Zustand und hat auch keinen Endpunkt. Es ist eher ein ständiger Prozess.

In diesem Prozess muss das Fremde und Fremdartige als etwas Negatives aus den Köpfen beseitigt werden. Das geht nur, wenn man sich kennenlernt. Hierzu sagte Ali, der vierte Khalif und Schwiegersohn des Propheten Muhammed: „Der Mensch mag das nicht, was er nicht kennt." Wenn man sich kennt, merkt man, wie gleich man eigentlich ist. Somit verschwindet das Fremde. Anstelle dieser kommt Freundschaft hervor.

Was dieses Kennenlernen ausmacht, kann man an Hand des folgenden Beispiels erkennen: Auf dem Schulhof kann man öfters folgenden Satz hören: „Alle Türken sind doof. Bis auf meinen Freund Ali, der ist anders. Der ist gut." Ali ist eigentlich ganz und gar nicht anders. Das Problem ist, dass Derjenige, der diesen Satz ausspricht, die anderen Türken gar nicht kennt oder sie aus verschiedenen Gründen nicht leiden kann. Und als Quelle dieser Gründe projiziert er deren Fehler auf deren Herkunft: Türke. Dadurch wird leider zu oft dichotomisiert in "wir" und "sie".

Auch hierfür ein Beispiel: Wenn Mehmet ein Tor für die deutsche Nationalmannschaft schießt, ist er der deutsche Fußballkönig. Wenn Ahmet eine Bank ausraubt, ist er der türkische Bandit. "Mehmet" ist dann "wir" und Ahmet ist dann "sie", obwohl sie beide gleicher Herkunft sind. Das darf nicht sein. Das schadet der Integration und ist kontraproduktiv. Man darf Charakterschwäche nicht nach der Herkunft ausmachen. Es kann ja nicht am Geburtsort, an den Genen oder an der Ethnie liegen, dass ein Mensch gewalttätig wird, Autos aufschraubt oder Banken ausraubt.

Daher müssen wir differenzierter denken. Wir müssen grundsätzlich davon ausgehen, dass keine Rasse, Ethnie, keine Volksgruppierung und keine Nation schlechter ist als eine andere. Nur so, also auf Augenhöhe, nützt es, miteinander ins Gespräch zu kommen. Andernfalls ist jeder Dialog nur eine Zeitverschwendung.

Und das Kennenlernen darf nicht nur künstlich auf bestimmten Veranstaltungen stattfinden. Sondern, das muss im Alltag, in der Schule, auf dem Arbeitsplatz, im Supermarkt, im Kino gelebt werden. Nur so können Ängste tatsächlich abgebaut werden.

Wenn dieses Kennenlernen im Alltag ausbleibt, kann das friedliche Miteinander gestört werden. Wir haben dafür in der Geschichte zahlreiche Beispiele.

Ibn Haldun, der Begründer der Soziologie, sagte „Die Geschichte wiederholt sich." Ja, sie wiederholt sich, weil der Mensch nicht aus seinen Fehlern in der Vergangenheit lernt.

Heute in der Gegenwart haben wir es neben Salafisten auch mit rechtsradikalen Gruppierungen zutun, die mit verschiedenen Vorwänden u.a. gegen Flüchtlinge, Muslime und den Islam hetzen. Diese Gruppen gibt es gerade da, wo es verschwindend geringe Muslime oder generell geringe Ausländer gibt. Also da, wo es nicht zum Kennenlernen kommt.

Diese Gruppierungen sind der Meinung, dass sie das Volk sind. Nein, das sind sie mit Gewissheit nicht. Überall in Deutschland erhebt sich die Stimme der Mehrheit. Sie zeigt diesen Extremisten, wie das Volk wirklich denkt. Damit übernimmt die Mehrheit Verantwortung.

Nicht weniger schlimm, sind geistliche Brandstifter. Als Ende Juli 2014 eine bekannte Zeitung einen Hasskommentar gegenüber dem Islam allgemein abdruckte, habe ich noch am selben Tag geschrieben, dass diese Kommentare zu brennenden Moscheen führen und dass es nachher niemand gewesen sein will. 14 Tage später begann die Serie der Moscheebrandanschläge. Nach den ersten Bränden gab es viel Schweigen. Nach 7 Tagen schrieb ich, dass dieses Schweigen den Tätern die Motivation gibt, weiter zu machen. Nach nur 12 Stunden nach diesem Schreiben kam es zu einem weiteren Brand. Und dann ging es weiter…

Wegen der fehlenden differenzierten Betrachtung der globalen Ereignisse gab es alleine in einer Woche nach den Pariser Attentaten im Januar 2015 in Deutschland 47, in Frankreich über 50 registrierte Anschläge auf Moscheen.

Pressefreiheit oder Meinungsfreiheit sind Werte, auf die wir nicht verzichten können. Auch in Form von Satire, Humor oder anderer Kunst. Es sind Lebenselixiere der Demokratie. Sachliche, inhaltliche und kritische Aussagen sind völlig legitim, auch wenn sie gegen die eigene Meinung sind. Persönliche Beleidigungen, polemische Überspitzungen, persönliche Schmähungen, Verletzung der Würde jedoch, die darauf abzielen, andere Kulturen oder Gruppen zu schikanieren, und keine Kritiken oder Meinungen beinhalten oder die nicht einen Gegenstand sachlich betrachten, sind nicht konstruktiv, haben keine wissenschaftlichen Erkenntnisse, sondern führen nur zu Bloßstellungen und eben Auseinandersetzungen. Pressefreiheit gibt also niemandem das Recht, den Gegenüber herabzuwürdigen oder zu provozieren. Kritik sollte angemessen rübergebracht werden und vor allem sachlich bleiben.

§166 Stgb Abschnitt "Beschimpfung von Bekenntnissen, Religionsgesellschaften und Weltanschauungsvereinigungen" lautet: (1) Wer öffentlich oder durch Verbreiten von Schriften (§ 11 Abs. 3) den Inhalt des religiösen oder weltanschaulichen Bekenntnisses anderer in einer Weise beschimpft, die geeignet ist, den öffentlichen Frieden zu stören, wird mit Freiheitsstrafe bis zu drei Jahren oder mit Geldstrafe bestraft.
(2) Ebenso wird bestraft, wer öffentlich oder durch Verbreiten von Schriften (§ 11 Abs. 3) eine im Inland bestehende Kirche oder andere Religionsgesellschaft oder Weltanschauungsvereinigung, ihre Einrichtungen oder Gebräuche in einer Weise beschimpft, die geeignet ist, den öffentlichen Frieden zu stören.

So führt auch, wie die Studien zeigen, die Bloßstellung des Islams zu Radikalisierungen und Ausgrenzungen. Differenzierte Islam- und Integrationsdebatten sind daher notwendig. Die Integrationsdebatten sind leider zu reinen Islamdebatten geworden. Die Islamophobie ist in manchen Gruppen zur Islamfeindlichkeit übergegangen. Durch die permanente negative Berichterstattung werden rechtsradikale Gruppen und Salafisten in ihren Meinungen bestätigt und sie legitimieren sich dadurch.

Zu den Medien sagte Malcolm X einmal „Wenn du nicht aufpasst, werden die Zeitungen dich dazu bringen, die Menschen zu hassen, die unterdrückt werden und jene zu lieben, die unterdrücken." In einem anderen Zitat sagte er: „Die Medien sind die mächtigste Einrichtung auf der Erde. Sie haben die Macht Unschuldige schuldig und Schuldige unschuldig zu machen - und das ist Macht, weil sie den Verstand der Masse kontrollieren." Es geht also auch um Konstruktionen. „Krieg ist Frieden! Freiheit ist Sklaverei! Unwissenheit ist Stärke!" wie George Orwell so schön beschrieb.

Hier ist ganz klar die journalistische Ethik und Verantwortung gefragt. Denn von solchen Berichten bedienen sich sowohl die Rechtsradikalen („Wir sagten doch, dass Muslime böse sind!") als auch Salafisten („Wir sagten doch, dass sie uns nicht wollen!").

Selbstverständlich ist der Anteil der Journalisten, die die Pressefreiheit auf Kosten der überwältigenden Mehrheit der Journalisten missbrauchen, genauso gering wie der Anteil der Menschen, die die Religionen missbrauchen, instrumentalisieren und politisieren. Es geht hier also um Minderheiten.

Doch die Mehrheit schweigt nicht mehr. Wir wissen, dass Gewalt, Hass, Unterdrückung nur dann stattfinden kann, wenn die Mehrheit schweigt. Das Volk zeigt Gesicht, in dem es Rassisten und Extremisten die Grenzen zeigt. Auch der Presserat hat den besagten Hasskommentar der Zeitung gerügt.

Das ständige Rechtfertigen der Muslime für 0,001% der Muslime in einer anderen Ecke der Welt hat zu einem Witz unter den Muslimen geführt: „Na, hast du dich heute schon distanziert?" Sich zu distanzieren ist nicht die 6. Säule des Islam.

Natürlich verurteilen auch Muslime jegliche Art von Gewalt, Hass, Terrorismus und Extremismus aus dem religiösen Milieu. Natürlich verurteilen auch Muslime jegliche Handlungen, die das Miteinander in der Gesellschaft zerstören. Und auch Muslime versuchen Radikalisierungen und dem Salafismus entgegenzuwirken. Jeder, der den Koran liest und sich nach dem Leben des Propheten Muhammed orientiert, wird all dies verurteilen. Wir glauben nicht an Gewalt. Diese stehen im völligen Gegensatz zum Frieden, der in unserem Glauben eine so zentrale Rolle spielt.

Terroristen haben keine Definitionshoheit über den Islam, sondern die 99,99% der Muslime weltweit, die solche brutalen Banden verabscheuen. Muslime sind keine Terroristen und Terroristen sind keine Muslime. Sie sind schlicht und einfach Terroristen. Wenn diese meinen, im Namen des Islams zu handeln, haben sie die Lehren des Islams verzerrt. Sie haben den Islam nicht verstanden, denn Gott unterstützt keine Mörder. Diese Mörder fügen nicht nur den Opfern ihrer Handlungen Leid zu, sondern auch allen Gläubigen, denn sie vermitteln ein falsches Verständnis unseres Glaubens. Nur weil jemand sagt, dass er im Namen des Islams handelt, heißt es nicht, dass das auch wirklich so ist. Daher müssen wir uns die Taten anschauen, nicht das, was gesagt wird.

Es gibt keinen theologischen Unterbau für Terror oder Gewalt im Islam, nicht im Koran, nicht im Leben des Propheten. Vielmehr haben wir es mit ehemaligen Kriminellen zu tun, die jetzt durch die zerbrochene und fehlende Struktur in vielen Ländern des Nahen Ostens vermeintlich Theologen spielen, in dem sie die Theologie politisch und ideologisch eindeutig missbrauchen um Macht und Herrschaft zu erlangen. Wir Muslime dürfen das nicht zu lassen.

Die Taten dieser Mörder dürfen nicht dazu führen, 2 Milliarden Muslime weltweit oder 5 Millionen Muslime hier in Deutschland unter Generalverdacht zu stellen. Sonst geben wir sowohl diesen Terroristen als auch den Rassisten einen Spielraum.

Wir Muslime sind deutsche Muslime. Wir möchten, dass dies auch so wahrgenommen wird. Viele von uns werden auch hier begraben werden. Der Islam ist nicht an eine Ethnie gebunden. Es gibt Muslime aus allen Ländern, Kulturen, Hautfarben der Welt. Und wir Muslime setzen uns ein für Einigkeit, Recht und Freiheit. Wie der

Islamgelehrte Said Nursi schon sagte: „Wir sind die Vertreter der Liebe. Für Hass haben wir keine Zeit."

7.0 Literatur

- Agai B.: Zwischen Netzwerk und Diskurs. Das Bildungsnetzwerk um Fethullah Gülen (geb. 1938) : Die flexible Umsetzung modernen islamischen Gedankenguts. EB-Verlag: Schenefeld, 2004
- Al-Haddad Nu'aim ibn: Kitab al-Fitan. Band 1. Shabka at-Tauhid: Kairo, 1991 (1412)
- Alkonavi A.: Islamisch konstitutionelle Gesellschaftsform gegen Diktatur und Anarchie oder Chaos in den Schriften von Bediüzzaman Said Nursi. Unveröffentlichte Magisterarbeit an der Humbold Universität Berlin. 1994
- Aries W.: Vorwort - Muslime in Deutschland. In: Şahinöz C.: Der deutsche Islam. BOD: Norderstedt, 2011, S. 5-20
- Bahners P.: Die Panikmacher: Die deutsche Angst vor dem Islam. C. H. Beck: München, 2011
- Bertelsman Stiftung (Hrsg.): Religionsmonitor Bertelsman Stiftung: Gütersloh, 2008
- Casanova J.: Einwanderung und der neue religiöse Pluralismus. Ein Vergleich zwischen der EU und den USA. In: Leviathan, 34.Jhr., Heft 2, Juni, 2006, S.182-207
- Deutscher Bundestag: Antwort der Bundesregierung auf die Kleine Anfrage der Abgeordneten Sevim Dağdelen, Wolfgang Gehrcke, Annette Groth, weiterer Abgeordneter und der Fraktion DIE LINKE. Die

Zusammenarbeit Deutschlands mit Saudi-Arabien und anderen Golfstaaten. Drucksache 18/11067
- Die Welt: Warum ein Mensch zum Terroristen wird. 26.08.2008
- Freier B.: Salafismus als gesamtgesellschaftliche Herausforderung. Vortrag am 02.09.2015 auf der Regionalkonferenz Salafismus der Bezirksregierung Detmold
- Hart aber Fair: Terror im Namen Gottes - hat der Islam ein Gewaltproblem?, ARD, 11.04.2016
- Hasan M.: What the Jihadists Who Bought 'Islam For Dummies' on Amazon Tell Us About Radicalisation. In: Huffington Post. 21.08.2014
- Hüttermann J.: Islamische Mystik. Ein ´gemachtes Milieu´ im Kontext von Modernität und Globalität. Ergon Verlag: Würzburg, 2002
- İyiat B.: Zihin Kontrolü. Psikolojik savaşın temel ilkeleri. Kripto: Ankara, 2013
- Jonker G.: Eine Wellenlänge zu Gott. Der Verband der islamischen Kulturzentren in Europa. Transcript: Bielefeld, 2002
- Motadel D.: Für Prophct und Führer: Die islamische Welt und das Dritte Reich. Klett-Cotta: Stuttgart, 2017
- N-TV: Junge Radikale bauen sich "Lego-Islam". 10.07.2017
- Nursi S.: Divan-i Harb-i Örfi. Sözler: Istanbul, 1978
- Nursi S.: Münazarat. Yeni Asya: Istanbul, 1999
- Nursi S.: Emirdağ Lahikası. Yeni Asya: Istanbul, 2001a
- Nursi S.: Mektubat. Yeni Asya: Istanbul, 2001b

- Nursi S.: Tarihçe-i Hayat. Yeni Asya: Istanbul, 2001c
- Nursi S.: Diskussionen. Yeni Asya: Köln, 2011
- Religion – Weltanschauung – Recht: Bundestag: Wahhabismus und Jihadismus. 27.03.2017
- RBB: Massive Fehleinschätzungen der Berliner Behörden. 26.01.2017
- Sageman M.: Leaderless Jihad: Terror Networks in the Twenty-First Century. University of Pennsylvania Press: Philadelphia, 2008
- Şahinöz C.: Sind die Imame an der Gewalttätigkeit der Jugendlichen verantwortlich? Islamische Zeitung, 07.06.2010
- Şahinöz C.: Der neueste Vogel-Trend: Wer ist gläubig? Wer ist ungläubig? İkinci Vatan, 16.10.2010
- Şahinöz C.: Almanya'da ki türk cemaatleri daha ne kadar uyumayı düşünüyor? Moral Haber, 19.10.2010
- Şahinöz C.: Der deutsche Islam. BOD: Norderstedt, 2011
- Şahinöz C.: Warum auch Muslime gegen die Theatershow "Koranverteilung" sind. Islamische Zeitung. 16.04.2012
- Şahinöz C.: Selefiler ve Kur'an dağıtımının 'derin' perdesi. Moral Haber, 18.04.2012
- Şahinöz C.: Avrupa'da İslam. Gurbette Müslümanlar ve Türkler. Cizgi Kitabevi: 2013
- Şahinöz C.: Warum radikalisieren sich Jugendliche? Migazin, 08.09.2014
- Şahinöz C.: Was sagte der Prophet Muhammed zu IS / ISIL / ISID? Ayasofya Nr. 49, 2014, S. 15

- Şahinöz C.: Islamisches Wörterbuch. Astec: Bochum, 2015
- Şahinöz C.: Son Savaş Armageddon Savaşı ve Türkiye Toprakları. Risale Haber, 24.07.2015
- Şahinöz C.: Psikolojik harp olarak asimetrik savaşlar ve terör örgütleri. Risale Haber, 04.09.2015
- Şahinöz C.: İntihar saldırısı düzenleyenlerin psikolojik altyapısı. Risale Haber, 16.09.2015
- Şahinöz C.: Extremismus. Verstehen und Handeln. Islamische Zeitung, 27.11.2015
- Şahinöz C.: Die Gülen Bewegung - Religionsgemeinschaft oder Geheimbund? BOD: Norderstedt: 2016
- Şahinöz C.: Camiye gidenler radikalleşmiyor. Risale Haber, 04.01.2017
- Şahinöz C.: Scharia vs. Grundgesetz? Ein Lebensweg und kein Grundgesetz. In: Islamische Zeitung, Juli, 2017
- Şahinöz C.: Nurculuk Hareketi: Sosyolojik Bir Araştırma. BOD: Norderstedt, 2018
- Şahinöz C.: Die Nurculuk Bewegung. Entstehung, Organisation und Vernetzung. 4. Auflage. BOD: Norderstedt: 2019
- Şahinöz C.: Cemaat'ten Örgüt'e. FETÖ'nün sosyolojik analizi. BOD: Norderstedt, 2021
- Schiffauer W.: Ausbau von Partizipationschancen islamischer Minderheiten als Weg zur Überwindung des islamischen Fundamentalismus? In: Bielefeldt H., Heitmeyer W. (Hrsg.): Politisierte Religion. Ursachen und Erscheinungsformen des modernen

Fundamentalismus. Suhrkamp: Frankfurt am Main, 1998, S. 418-437

- Schiffauer W.: Muslimische Organisationen und ihr Anspruch auf Repräsentativität: Dogmatisch bedingte Konkurrenz und Streit um Institutionalisierung. In: Escudier A. (Hrsg.): Der Islam in Europa. Der Umgang mit dem Islam in Frankreich und Deutschland. Wallstein: Göttingen, 2003, S. 143-158
- Schiffauer W.: Die Islamische Gemeinschaft Milli Görüş – ein Lehrstück zum verwickelten Zusammenhang von Migranten, Religion und sozialer Integration. In: Bade K., Bommes M., Münz R. (Hrsg.): Migrationsreport 2004. Fakten-Analysen-Perspektiven. Campus: Frankfurt am Main, New York, 2004, S. 67-96
- Schiffauer W.: Nach dem Islamismus. Die Islamische Gemeinschaft Milli Görüs. Eine Ethnographie. Suhrkamp: Berlin, 2010
- Schütz A.: „Der Fremde" u. „Der Heimkehrer". in: ders.: Gesammelte Aufsätze. Band 2: Studien zur soziologischen Theorie. Nifhoff: Den Haag, 1972, S. 53-84
- Şen Faruk: Islam in Deutschland. Religion und Religiosität junger Muslime aus türkischen Zuwandererfamilien, in: Wensierski H.-J., Lübcke C. (Hrsg.): Junge Muslime in Deutschland. Lebenslage, Aufwachsprozesse und Jugendkulturen. Budrich: Opladen, 2007, S. 17-32
- Seufert G.: Die Türkisch-Islamische Union der türkischen Religionsbehörde (DİTİB). Zwischen Integration und Isolation. In: Seufert G.,

Waardenburg J. (Hrsg.): Turkisch Islam and Europe. Türkischer Islam und Europa. Ergon: Istanbul, Stuttgart, 1999a, S. 261-293
- Seufert G.: Die Milli-Görüş-Bewegung. Zwischen Integration und Isolation. In: Seufert G., Waardenburg J. (Hrsg.): Turkisch Islam and Europe. Türkischer Islam und Europa. Ergon: Istanbul, Stuttgart, 1999b, S. 295-322
- Simmel G.: Exkurs über den Fremden. in: ders: Soziologie. Untersuchungen über die Formen der Vergesellschaftung. Duncker & Humblot Verlag: Leipzig, 1908, S. 509-512
- Szyska C.: Reformen und Reaktionen. Wie reformresistent ist der Islam? Ein historischer Überblick. In: Kultur-Austauch, 01/2002, S. 22-27
- Tagesschau: Gewaltbereite Extremisten in Deutschland. 11.12.2015
- Todenhöfer J.: Feindbild Islam: Zehn Thesen gegen den Hass. C. Bertelsmann: München, 2011
- Utermann C.: Türkischer Islam in Deutschland. DPA: Hamburg, 1995
- VS NRW (Verfassungsschutz Nordrhein-Westfalen): Salafismus – Entstehung und Ideologie. VS: Düsseldorf, 2009
- Zeit: Dürfen wir vorstellen: Deutschlands Muslime. 29.01.2015

In einer Forschungsarbeit für den Lehrstuhl für Vergleichende Kultur- und Sozialanthropologie an der Europa-Universität Viadrina wurden 42 Islam-Foren in Deutschland untersucht. Das Misawa-Forum wurde in allen Bereichen ("Offenheit", "Dialog", "Meinungsfreiheit", "Toleranz" und "Demokratisch") am Besten bewertet.

www.misawa.de
tv.misawa.de
www.ayasofya-zeitschrift.de
www.hoerbuecher-islam.de
www.werbistdu.net
www.seelsorgeislam.de
www.lesen24.com
www.myhalalcheck.com
www.wirverein.de
misawa.de/mtalk.htm
forum.misawa.de
mmnach.de
www.youtube.com/Ensarmania
meshirt6.wordpress.com
review6.wordpress.com

AUCH ALS APP

M wie Misawa
Haben Sie diese Internetseiten schon besucht? Nein? Dann aber schnell!

123

Zum Autor

Dr. Cemil Şahinöz (Soziologe, Religionspsychologe, Familienberater, Integrationsbeauftragter, geboren 1981) ist Gründer und Chefredakteur der Zeitschrift "Ayasofya". Er hat verschiedene Bücher übersetzt und verfasst. Sein erstes Buch schrieb er mit 15 Jahren und mit 16 Jahren brachte er seine erste monatliche Zeitschrift heraus. Sein Aufsatz "Situation der türkischen Familien in Europa" wurde 2006 von Diyanet (DİTİB) zum "Besten Aufsatz des Jahres" gewählt. Zu verschiedensten Themen macht er Vorträge, Seminare, Fortbildungen, Konferenzen und Workshops. Er ist in verschiedenen Zeitungen und Zeitschriften als Journalist und Kolumnist tätig. Als Journalist begleitete er den deutschen Bundespräsident Christian Wulff und den türkischen Staatspräsidenten Abdullah Gül bei ihrem Osnabrück-Besuch. Şahinöz moderierte den Podcast "Misawa Talk". Hauptberuflich ist er in der Integrationsagentur und Familienberatung tätig. Nebenbei ist er in der türkischen Glücksspielsuchthotline tätig. In der Vergangenheit arbeitete er als Lehrer, Projektmanager, Seelsorger für muslimische Häftlinge, Übersetzer, Editor und Leiter von pädagogischen Angeboten. Seine Webseite (www.misawa.de) wurde unter 42 deutschen Islamseiten in den Bereichen "Offenheit", "Dialog", "Meinungsfreiheit", "Toleranz" und "Demokratisch" in einer Forschungsarbeit an einer Universität am besten bewertet. Als Dank und Auszeichnung für sein Engagement im Bereich Integration wurde er von Bundeskanzlerin Dr. Angela Merkel empfangen und seine Arbeit auf diesem Gebiet gelobt. Şahinöz traf sich u.a. auch mit dem muslimischen Berater von Barack Obama, Rashad Hussain, und gab ihm Informationen über die Muslime und ihren Organisationen in Deutschland. Der AIB (Europäischer Arbeitgeber und Akademiker Verbandes NRW) verlieh ihm im Juni 2011 den "Akademiker- und Integrationspreis." In der Focus Ausgabe Nr. 39 (19.09.2015) wurde er als einer der intellektuellen, muslimischen Jugendlichen in Deutschland vorgestellt und als "Seelsorger" betitelt. Şahinöz ist zu dem Vorsitzender des Bündnis Islamischer Gemeinden (Dachverband der muslimischen Einrichtungen in Bielefeld) und Gründungsmitglied, Generalsekretär und ehemaliger Vorsitzender der European Risale-i Nur Association (Dachverband der Nurculuk Bewegung in Europa).

Kontakt: cemil.sahinoez@gmx.de, www.misawa.de, http://twitter.com/Cemil_Sahinoez https://www.facebook.com/CemilSa http://instagram.com/cemilshnz https://www.youtube.com/user/Cemil4000